grandes
personajes de
México

Por la Superación del Ser Humano y sus Instituciones

grandes personajes de **México**

hombres de la Epoca Prehispánica
la Conquista, el Virreinato,
la Independencia, la República
y la Revolución

Fernando Orozco L.

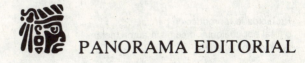
PANORAMA EDITORIAL

GRANDES PERSONAJES DE MEXICO

Portada:
    Dibujo: Heraclio Ramírez

Dibujos:
    José Narro

Primera edición: 1992
Cuarta reimpresión: 1999
© Panorama Editorial, S.A. de C.V.
    Manuel Ma. Contreras 45-B
    Col. San Rafael 06470 - México, D.F.

Tels.: 535-93-48 • 592-20-19
Fax: 535-92-02 • 535-12-17
e-mail: panorama@iserve.net.mx

Printed in Mexico
Impreso en México
ISBN 968-38-0317-2

Indice

MOCTEZUMA II
(Xocoyotzin)

México-Tenochtitlan llegó a su máximo poderío por el año de 1500, cuando era Tlacatecutli (título formado por las voces náhuatl: *Tlacatl*, hombre, y *Tecutli*, jefe) el feroz guerrero Ahuizotl (Perro del agua), verdadero azote de los pueblos comarcanos. Murió en el mes de julio de 1502 al ocurrir la caída de una viga sobre su cabeza, cuando inspeccionaba las obras para salvar a la ciudad de una inundación. Magníficas exequias se hicieron al gran guerrero y gobernante Ahuizotl. Los sacerdotes, los guerreros y el pueblo, contribuyeron con gran dispendio en las muestras de respeto hacia el caudillo muerto.

Una vez cumplido ese deber, los *calpuleques* o jefes políticos y administrativos de cada barrio, se reunieron en solemne asamblea para nombrar nuevo caudillo. Como ningún hermano de los últimos *tecutlis* vivía, los *calpuleques* electores tendrían que escoger al sucesor entre los sobrinos del difunto. Vivían en aquella época los príncipes *Moctezuma, Cuitláhuac, Matlanzincatl, Pinahuitzin* y *Cuepacticatzin*, todos hijos de *Axayácatl*, así como también otros hijos de *Tizoc*. Los electores prefirieron a Moctezuma, a quien, para diferenciarlo del anterior caudillo del mismo nombre, llamaron desde entonces *Moctezuma Xocoyotzin* (Señor sañudo y joven).

Moctezuma II, como lo nombraremos en delante, era muy estimado por el pueblo desde antes de subir al trono. Admirábanse en él el valor militar, probado en muchas guerras, y el carácter sacerdotal de que estaba investido y cumplía con celo. Era muy serio, medido en sus acciones y palabras, circunspecto y extremadamente limpio. En los consejos de gobierno, su opinión se escuchaba con respeto, debido a sus juicios serenos y claros.

Tan pronto como Moctezuma II supo que él había sido el elegido, se retiró al templo mayor y humildemente se puso a barrer el piso de los adoratorios. Hacia ahí fueron los nobles para comunicarle ceremoniosamente su designación.

Convertido en gran señor de aquel poderoso Estado, Moctezuma II emprendió la guerra tradicional para hacer prisioneros que serían sacrificados el día de su ascenso oficial al trono mexica.

Marchó Moctezuma II con sus guerreros. La campaña fue corta: los mexica perdieron algunos bravos capitanes, pero los de Atlixco fueron derrotados y el monarca regresó con muchos prisioneros para ser inmolados.

El día que se le entregó el bastón de mando, hubo grandes fiestas; recibió el nuevo *tlacatecutli* gran cantidad de tributos y regalos. Hasta los pueblos enemigos mandaron sus representantes y valiosos obsequios.

Como guerrero, Moctezuma II fue valiente; como consejero, mesurado; como religioso, muy afecto a guardar las ceremonias. Una vez en el poder, desde el principio siguió una nueva política que consistía en favorecer a los nobles otorgándoles grandes canonjías, pero la finalidad no era la de ayudarlos en verdad, sino de comprometerlos a ser fieles y obedientes servidores. Para tranquilizar un poco sus temores, el receloso Moctezuma II ordenó que en el palacio viviesen como rehenes los hijos de los gobernadores de los señoríos que formaban el Imperio. Estos jóvenes constituían la servidumbre.

Todos los días en las mañanas se presentaban en palacio gran número de personas de la primera nobleza para rendirle homenaje al gran señor, quien además, ardiente apasionado del bello sexo, tenía con él un verdadero serrallo formado por mujeres hermosas, señoras o esclavas, vigiladas por matronas ya ancianas que le eran muy adictas.

Con la elevada idea que tenía de su origen y de su poder, Moctezuma II hizo observar en su corte toda una etiqueta, antes desconocida. Los nobles que entraban a los salones para hablarle o para servirle, debían hacerlo descalzos; solamente algunos de sus familiares muy allegados podían presentarse ricamente ataviados. Todos los demás debían estar con vestidos ruines. Al hablarle, a una prudente distancia, hacían tres inclinaciones diciendo en la primera: *"Señor"*; en la segunda, *"Mi señor"*, y en la tercera, *"Mi gran señor"*.* Ya estando cerca, tenían que hablarle en voz baja y con la cabeza inclinada sobre el pecho. Moctezuma no hablaba con ellos; sus respuestas eran transmitidas por medio de un secretario.

Un gran almohadón le servía de mesa y tomaba asiento el monarca azteca en un pequeño banco. Le servían chocolate o agua en vasos de oro, y la vajilla era de finísimo barro de Cholula. Cuatro hermosas y jóvenes mujeres le servían agua para lavarse las manos antes de comer. Una vez sentado a la mesa, los ayudantes cerraban la puerta de la sala y dos mujeres le llevaban las tortillas, amasadas con maíz fino y huevo. Los innumerables manjares estaban compuestos de todo tipo de aves, además, de peces, carne de venado y, según asegura el soldado cronista Bernal Díaz del Castillo que lo vio, también algunos

---

* Bernal Díaz del Castillo.

platillos de carne humana. Trescientos jóvenes nobles, de los que hemos dicho estaban como rehenes a más de otros, llevaban los platillos; de ellos el monarca escogía los que iba a comer. Los sobrantes se repartían a los nobles que esperaban audiencia y a los que le servían. Durante la comida tocaba una música y un grupo de bufones hacían maromas o pláticas para divertirlo. Después de comer dormía un poco y luego daba audiencia a sus vasallos importantes.

Cuando Moctezuma II quería salir de palacio, a los templos o a dar un paseo, subía a una rica litera portada por nobles. Rodeado por un séquito muy numeroso y ricamente vestido, hacía el recorrido por la ciudad. Había la orden estricta al pueblo de que, cuando encontrasen al cortejo del monarca, se detuvieran y cerrasen los ojos para que no viesen al gran señor, porque era un sacrilegio. Al ordenar detenerse para bajar de la litera, dos nobles le calzaban con ricas sandalias de oro, mientras que otros tendían preciosas alfombras de algodón para que no pusiese los pies en la tierra.

El palacio donde vivía el monarca azteca era un vasto edificio de piedra con veinte puertas que daban a la plaza y a la calle; tenía tres grandes patios con fuentes en el centro; muchas salas y más de cien piezas menores, de las cuales, algunas estaban cubiertas con lozas de mármol o de otras piedras finas. Los techos eran de maderas selectas, muy bien labradas. Moctezuma II tenía dos casas para animales: una para aves que no eran de rapiña, y otra para éstas y para cuadrúpedos y reptiles. Había también muchos estanques de agua muy limpia, en donde se bañaba, como el que hasta la fecha está en Chapultepec. En todos los palacios había hermosísimos jardines, muy bien cuidados, con preciosas flores y hierbas olorosas, de las cuales muchas servían para tratamientos medicinales.

Como sacerdote máximo, Moctezuma II hizo levantar muchos templos a las divinidades y celebraba en sus adoratorios frecuentes sacrificios. Precisamente esta vida religiosa tan intensa lo hizo supersticioso y dado a los agüeros y a los oráculos.

Los mexicas habían logrado avasallar a muchos pueblos, a los que periódicamente les exigían pesados tributos y numerosos donceles y doncellas que eran llevados a Tenochtitlan para ser sacrificados en diferentes formas a los dioses de su compleja religión. Todos esos pueblos tributarios les temían y los odiaban profundamente.

A través de los años, sólo Tlaxcala, nación altiva y soberana, se había defendido con valor y éxito contra las constantes agresiones de los mexicas. Pero Moctezuma II no concebía que pudiera haber pueblo no sujeto a su mandato y que no le fuese tributario. Entonces redobló los esfuerzos, que resultaron siempre fallidos, para sujetar a los tlaxcaltecas, pero sólo logró que le cobraran un odio profundo y tuvieran la esperanza de tener oportunidad de vengarse.

Así estaban las cosas cuando llegaron a Texcoco noticias vagas acerca de hombres extraños, que habían aparecido por el mar y venían de oriente, "blancos y barbados". Estas informaciones no hicieron más que revivir con gran fuerza la vieja leyenda astronómica tolteca sobre el regreso de Quetzalcóatl, quien venía por fin con sus hermanos a ocupar el trono que le correspondía y del que había sido despojado por la violencia y las falsedades de los adoradores de Tezcatlipoca, dios del mal y de las tinieblas.

Netzahualpilli, señor de Texcoco, marchó de inmediato a México para informar al gran Moctezuma II de las nuevas que le habían traído los pochtecas, mercaderes venidos del sureste. Moctezuma, creyente y fanático, aceptó trágicamente lo que la tradición tolteca decía, como un sino imposible de rehuir. Fanático creyente de esa sangrienta religión basada en la reverencia y el doblegamiento ante las fuerzas de la naturaleza convertidas en dioses, Moctezuma II quiso halagarlos para que cesaran sus amenazas, y para tal efecto decretó la *"Guerra Santa"* contra los huejotzincas y chalcas, con el único objeto de hacer prisioneros para sacrificarlos en los teocallis mexicanos. Esto no hizo más que convertir en rencor profundo el odio que poco a poco había crecido contra Moctezuma II y los suyos. Así, el fanatismo del gran tlacatecuhtli, en los momentos que se acercaba el peligro común, dividía cada vez más a los pueblos y a todos los convertía en solapados enemigos.

Las crónicas y leyendas indígenas de ese tiempo están llenas de augurios nefastos y predicciones del mismo propósito, y aseguran que Moctezuma II ordenó llevar una gran piedra desde Aculco, para construir un nuevo adoratorio. Pero, cuando después de muchos trabajos, era pasada por un puente, ya en la ciudad de México, se rompió el referido puente con el enorme peso, y la piedra se hundió en las aguas, para después de muchos esfuerzos ser recobrada, interpretándose esta desgracia como un presagio más.

Una noche, un mancebo que dormía en el gran

teocalli o templo mayor, se levantó a media noche y vio en el firmamento, por el lado del oriente, un poderoso cometa de larguísima y resplandeciente cauda. Atemorizado, despertó a los sacerdotes, y todos estuvieron mirando el cometa hasta el amanecer. El mancebo y todos los que lo habían visto, le comunicaron a Moctezuma II la noticia. Moctezuma II quiso ver el cometa, en la noche lo contempló, atónito y atemorizado. Luego mandó llamar a sus astrólogos y agoreros para que le explicasen el prodigio; pero éstos contestaron que no lo habían visto, con lo cual el tlacatecuhtli tuvo tal disgusto que los mandó enjaular. Corría el mes de julio de 1516.

Moctezuma II ordenó traer a Netzahualpilli, anciano señor de Texcoco, que gozaba de fama de sabio y astrólogo, a efecto de que le explicase qué significaba aquel fenómeno. El señor de Texcoco, siguiendo naturalmente las creencias comunes, interpretó la presencia del cometa como una señal de desgracias y de ruina. Este fue el elemento que provocó, definitivamente, el decaimiento profundo del ánimo del gran tlacatecuhtli.

Netzahualpilli sufrió también una terrible impresión a causa del cometa; se retiró a su palacio de Texcoco y allí murió sin designar heredero para su Señorío. Entonces, Moctezuma II dispuso que lo recibiese el tecuhtli Cacama, lo cual provocó el grave disgusto de su hermano Ixtlixóchitl, quien se rebeló y se mantuvo en armas hasta la llegada de los españoles, de quienes fue colaborador eficiente.

Mientras todo lo anterior ocurría, se presentó ante Moctezuma II un pescador de Chalchicuecan —voz que significa "lugar de la diosa del agua"— y le dijo que había visto un cerro redondo que iba por la mar. Moctezuma II mandó a un sacerdote y a otro personaje llamado Cuitlalpitoc, a la costa para ver si la noticia era cierta. Cuando llegaron a la playa, vieron que era cierto, regresaron a dar cuenta de que se trataba de un "*Acalli*" —que significa "*Casa del agua*"— grande y que en él estaban "hombres blancos y barbados". Moctezuma II les dio muchas joyas para que las llevasen a esos hombres e indagasen si con ellos venía Quetzalcóatl a recobrar su reino. Viéronlo todo los mensajeros y también partir los navíos, lo cual al saberlo consoló mucho a Moctezuma II.

Moctezuma II creía que en los grandes acallis vistos por sus mensajeros, en realidad las naves de la expedición de Juan de Grijalva, había venido el propio Quetzalcóatl. Por ello, cuando se fueron, encargó a sus gobernadores de la costa, vigilar su vuelta y dar todo lo necesario a los que creían "*teules*", dioses.

Cuando Moctezuma II supo del regreso de los "*teules*" y de su desembarco en Tabasco, nombró cinco embajadores para que les llevaran un rico presente y las investiduras de Quetzalcóatl. Así es que cuando Cortés ancló en Ulúa salieron los embajadores en dos canoas de Chalchicuecan y fueron a la nave capitana a dar su embajada, diciéndole a Cortés que lo tenían por un dios. El capitán vistió su mejor atavío y se sentó en un sillón adornado que puso en el castillo de popa. Recibió ahí a los embajadores con sus valiosos obsequios, quienes presenciaron el ritual religioso de la misa y después Cortés los invitó a comer. Al día siguiente, el capitán hizo disparar la artillería, con lo cual amedrentó a los embajadores, quienes salieron hacia México a dar cuenta a su Señor.

Moctezuma II mandó una segunda embajada con un tecuhtli llamado Teuhtlilli, al que Bernal Díaz del Castillo llama "Tendile", con Cuitlalpitoc y con ellos muchos Señores y tamemes, o cargadores, que llevaban alimentos, finas mantas y ricos presentes de oro. Cortés recibió cariñosamente a Teuhtlilli y sus acompañantes; les dijo que era vasallo del rey más poderoso de la tierra y deseaba entablar buenas relaciones con Moctezuma II, por lo que iría a entrevistarse con él.

Teuhtlilli le contestó que estaba maravillado de saber que había un monarca tan poderoso como el Gran Moctezuma II. Mientras esto pasaba, unos pintores indígenas muy hábiles, se apresuraban a copiar todos los objetos, personas y caballos de que se componía la expedición, para mostrarlos a Moctezuma II.

Las noticias del aspecto de los extranjeros, de sus armas y caballos, acabaron de aterrorizar a Moctezuma II, apresuradamente reunió al Tlaltocan o Supremo Consejo, y convocó a los señores de Texcoco y de Coyoacán: Cacama y Cuitláhuac. Todos los miembros del Consejo, acobardados ante lo que creían voluntad de los dioses, acordaron recibir en paz a los teules. Solamente Cuitláhuac dijo con entereza a Moctezuma II: "Gran Señor: no debes meter en tu casa a quien de ella te eche".

Moctezuma II hizo caso a Cuitláhuac. Volvió a mandar a Teuhtlilli al campamento de Cortés con ricos presentes de oro, pero con el encargo de decirle que mucho se holgaba de su llegada y del deseo de verlo, pero que ni él podía bajar a la costa ni para los españoles era fácil llegar a Tenochtitlan. Cortés despidió a Teuhtlilli respondiéndole que vencería todos los

Moctezuma II es informado de la llegada
de los hombres "blancos y barbados".

obstáculos para ir a ver a Moctezuma II, dándole regalos para su gran señor.

Sin embargo, precisamente en esta coyuntura difícil surgió todo el resentimiento contra el imperio azteca. Los pueblos avasallados despóticamente y sujetos a exagerados tributos, comprendieron que había llegado el momento de sacudirse el yugo y comenzaron a buscar la amistad y alianza con los españoles. Los cempoaltecas fueron los primeros y a ellos los siguieron todos los demás pueblos totonacas. Cuando Cortés estaba en Cempoala, en donde fue recibido con gran regocijo, se presentaron cinco soberbios recaudadores mexicas, rodeados de un gran séquito, a exigir el tributo, amenazando, además, a los caciques de la región con la ira del monarca por haber admitido en sus casas a los teules, y pidiéndoles víctimas humanas para la expiación del delito. Cortés recomendó a los azorados cempoaltecas que se apoderaran de los recaudadores y los tomaran presos. Sin embargo, los cempoaltecas se resistieron a seguir el consejo por el verdadero terror que le tenían a Moctezuma II; pero al fin se decidieron y metieron en prisión a los mexicas, a quienes después querían sacrificar, cosa que Cortés impidió. Cortés puso en libertad a los agentes de Moctezuma II para que marcharan pronto a decirle a éste que a Cortés le debían la vida y la libertad. Moctezuma II envió nuevos embajadores para darle las gracias a Cortés por haber salvado a sus recaudadores y nuevos obsequios muy valiosos, así como a pedirle que no pasase a la gran capital, argumentando una serie de pretextos.

Sin embargo, los españoles avanzaron a la altiplanicie y se encontraron con los guerreros de Tlaxcala, a quienes derrotaron en dos batallas. Ante tal situación, los políticos de esa república decidieron hacer las paces y buscar la alianza con los españoles.

Las victorias de los españoles contra los tlaxcaltecas aumentaron los temores de Moctezuma II, pero más le preocupó saber de la alianza de sus acérrimos enemigos con el capitán Cortés. Por ello, Moctezuma II reunió de nuevo al Tlaltocan, con el fin de discutir otra vez si se les debía permitir a los españoles entrar a Tenochtitlan. Probablemente en esta reunión se resolvió ponerles una celada, escogiéndose la aliada ciudad de Cholula para tal cosa.

Aunque sus aliados aconsejaban a Cortés que no pasase por Cholula, por ser una plaza muy leal a Moctezuma II, siempre muy bien resguardada por guerreros mexicas, los embajadores del monarca azteca recomendaron al capitán que por allí lo hiciese, por ser una ciudad grande y rica. Los cholultecas, que en un principio recibieron muy bien a Cortés y a los suyos, a los pocos días se hicieron sospechosos. Doña Marina, la india muy leal e inteligente que servía de intérprete a Cortés, recibió el informe completo acerca de que les tenían preparadas traiciones a los españoles allí en Cholula. Comprobado esto, Cortés ordenó pasar a cuchillo a la población e hizo llamar a los embajadores de Moctezuma II, que estaban presentes, para decirles que esa traición era cosa de su Señor. Los embajadores le pidieron que investigara lo que había pasado con el fin de comprobar que su Señor no era culpable. Uno de ellos se ofreció para ir a la corte a llevar las quejas de Cortés. Seis días después volvió el embajador con nuevos regalos y disculpas para Cortés. Con esto Moctezuma II aceptaba su responsabilidad.

Los españoles continuaron la marcha hacia Tenochtitlan, acompañados por sus numerosos aliados. Pero antes de referirnos a la entrada de Cortés a la gran ciudad capital del imperio azteca, hablaremos del estado de ánimo de Moctezuma II. Los sucesos de Cholula dieron el último golpe a la serenidad del gran tecuhtli, quien doblegado por la impresión que le causó aquella carnicería, se retiró al Tlitlancamecatl, es decir, la casa destinada para los días de duelo y ayunó durante ocho días en medio de rudas austeridades e invocando la protección de sus dioses. Envió, sin abandonar ese recinto, a cuatro nobles de su séquito con un nuevo regalo para Cortés y con nuevas súplicas para que no pasase a la capital, prometiendo además pagar tributo al Gran Señor de los teules y darle cuatro cargas de oro y una a cada uno de sus soldados. Cortés recibió el obsequio, pero insistió en ir a la capital azteca.

Mientras tanto, los sacerdotes consternaban más a Moctezuma II con sus predicciones y adivinanzas. Fue tal el estado de miedo en que le hicieron caer, que antes de saber el resultado de la última embajada, reunió de nuevo a su consejo, en éste, Cacama propuso que se permitiera entrar a los blancos a México como simples embajadores, y en caso de que intentasen algo contra Moctezuma II, se les combatiría con todos los recursos del imperio.

Así, el 8 Ehécatl, de la cuenta calendárica indígena, es decir el 8 de noviembre de 1519, los españoles y sus aliados entraron a México-Tenochtitlán. Los españoles revolvían sus caballos, mientras que sus aliados indios danzaban y entonaban sus cantos guerreros. Moctezuma II esperaba a los teules. Cuatro principales conducían en andas al supremo señor y hacíale sombra un parasol de plumas verdes, con ricas alhajas. Un manto regiamente adornado caía de sus hombros; una corona preciosa ceñíale la cabeza; su calzado se componía de sandalias de oro, cuyas ataduras estaban guarnecidas de piedras preciosas. Cerraban aquel séquito doscientos nobles suntuosamente vestidos, pero todos descalzos y abiertos en dos filas, en señal de respeto al soberano. Cortés se apeó para abrazar a Moctezuma II, pero Cacama y Cuitláhuac detuvieron al teul: la persona del soberano mexica era intocable. Cortés se quitó un collar de margaritas y cuentas de vidrio y lo puso en el cuello de Moctezuma II, mientras que los principales, después de engalanarlo con flores, le colgaron un collar de caracoles —el símbolo de Quetzalcóatl—, de los que pendían camarones de oro. Moctezuma dijo a Cortés: *"Oh, señor nuestro, con muchos trabajos has llegado a nuestra casa, a México, para sentarte sobre tu silla, que hemos guardado sólo un poco de tiempo para ti. Porque se fueron los antiguos monarcas, que sólo guardaron también un tiempo pequeño el estrado para ti; que gobernaron México. Y ahora se ha verificado, has regresado. Sed bienvenido a esta tierra, descansa, ve a tu palacio, descanse tu cuerpo..."* *

Los conquistadores fueron alojados en el palacio de Axayácatl, pero ese mismo día se empezó a gestar una rebelión en contra del pusilánime Moctezuma II, pues había pedido obediencia y bastimento para los blancos, sin encontrar obediencia por parte de los príncipes disgustados, quienes pensaban que si los espa-

---

* Bernal Díaz del Castillo.

ñoles eran hombres, había que combatirlos, y si eran teules, no necesitaban alimentos.

Durante una semana Cortés y los suyos recorrieron la ciudad y se dieron cuenta que corrían grave riesgo si Moctezuma II disponía atacarlos. Por lo tanto, Cortés y sus capitanes resolvieron tomar una medida extrema de seguridad: tomar preso a Moctezuma y mantenerlo como rehén. El pretexto se presentó cuando la pequeña guarnición que habían dejado los españoles en Nautla fue atacada por guerreros mexicas. El capitán Juan de Escalante y siete soldados habían sido muertos. Los trofeos fueron las cabezas de un soldado y de un caballo, que enviaron a Moctezuma II y le produjeron gran horror.

Cortés, sus capitanes, doña Marina y algunos soldados bien armados, fueron al palacio de Moctezuma II para informarle los sucesos de Nautla. Cortés le dijo al monarca que había hecho algunas indagaciones y que de éstas se deducía que él era el responsable. Moctezuma II respondió que el jefe militar de Nautla había obrado por cuenta propia, sin orden suya; y para satisfacer a Cortés mandó a dos emisarios para que trajeran a Cuauhpopoca, el jefe de Nautla, y por los demás culpables de aquellos sucesos, con el fin de ponerlos en manos de Cortés. *"¿Qué más puedo hacer para aseguraros de mi sinceridad?"*, * dijo Moctezuma II; Cortés le repuso entonces que para disipar toda duda, aún entre sus mismos vasallos, debía irse a vivir al cuartel de los españoles. El tecuhtli comprendió todo el plan y le dijo, alterado: *"¿Dónde se ha visto que un soberano se deje llevar preso?*...

---

* Fray Bernardino de Sahagún.

El emperador Moctezuma es sometido a prisión por los soldados de Hernán Cortés.

Y aunque yo permitiese tal vileza ¿no me libertarían mis vasallos?" * Con buenas palabras Cortés le insistió a Moctezuma que se fuera con ellos, pero éste se resistía, hasta que uno de los capitanes, llamado Juan Velázquez de León, con su voz ronca le dijo que si no iba con ellos, lo matarían. Espantado, Moctezuma II se dejó llevar preso, fue conducido en la litera por el magnífico séquito con que acostumbraba salir, y encargó a sus cortesanos dijesen al pueblo que por motivos graves y por su voluntad, se iba a vivir a donde estaban los españoles.

Moctezuma II, bien vigilado, gozaba de absoluta libertad para gobernar a su imperio. Daba audiencias y emitía fallos. El ceremonial con el que antes se le atendía, era respetado rigurosamente, Cortés exigió a los soldados que lo cuidaban, fueran atentos y respetuosos, e inclusive castigó severamente a uno por haberse portado majaderamente con el monarca. Entre los soldados y marineros que formaban el ejército de Cortés, había un muchacho muy despierto, hijo de un soldado de apellido Ortega, muchacho al que Bernal Díaz del Castillo cita con el nombre de "Orteguilla", quien logró aprender el náhuatl y fue designado paje de Moctezuma II. Este le cobró gran afecto al muchacho, y éste, a su vez, le fue fiel. Orteguilla murió en la Noche Triste.

Moctezuma II, muy atemorizado, seguía haciendo valiosos obsequios a los españoles y les dejó que tomaran ricas prendas de algodón y buenas cantidades de oro, pertenecientes al tesoro de Axayácatl. A su vez, Cortés mandó construir dos pequeños berganti-

* Fray Bernardino de Sahagún.

nes para pasear por la laguna; en ellos iba Moctezuma II de cacería, con sus cortesanos y muchos soldados españoles que lo vigilaban.

Por aquellos días llegaron a Tenochtitlan los responsables de los sucesos de Nautla: el guerrero Cuauhpopoca, un hijo suyo y veinte nobles más. Moctezuma II les echó en cara su proceder y, sin dejarlos hablar, los entregó a Cortés para que los castigara. Cortés los interrogó y los encontró convictos y confesos, aunque desde un principio hicieron saber que habían obrado por órdenes de Moctezuma II, porque *"no obedecían a otro señor".** El capitán general ordenó que se les quemase vivos frente al Palacio. Como se temía una reacción del pueblo, Moctezuma II fue encadenado mientras la sentencia se ejecutaba. Ardió la hoguera, y en presencia de un numeroso gentío, murieron aquellos valientes que no hicieron más que obedecer a un monarca acobardado.

Cortés le dijo a Moctezuma II que, en realidad, el merecedor del castigo era él, pero por consideración de los beneficios que le había hecho y el afecto que declaró tenerle al emperador Carlos V, le concedía la gracia de la vida, ordenando inmediatamente que le quitaran las cadenas.

La prisión de Moctezuma II y el suplicio de Cuauhpopoca y sus compañeros sublevaron la dignidad de Cacama, quien, a través de un mensajero, quiso despertar en Moctezuma II el sentimiento de su grandeza, pero sin éxito. Y no sólo esto, sino que Cacama fue denunciado por el propio Moctezuma II. Para impedir una rebelión, Cortés intentó atacar Texcoco,

---

* Bernal Díaz del Castillo.

pero Moctezuma II lo evitó dándole a conocer el gran poder de aquel señorío. Moctezuma II fue amonestado por Cortés, diciéndole que él había sido el que había aconsejado a Cacama. Espantado y temeroso de la venganza de los conquistadores, Moctezuma II resolvió salvarse cometiendo otra traición. Unos oficiales mexicas servían en la guardia de Cacama, a ellos les ordenó Moctezuma II en secreto que se apoderaran de él y lo condujeran a Tenochtitlan. Así, Cacama fue hecho prisionero y entregado a Cortés, quien ordenó encerrarlo en un calabozo.

Después de poco tiempo Cortés se apoderó de los Señores de Tlacopan, de Iztapalapa y de Coyoacán, así como de otros personajes de alta jerarquía. Y aprovechándose del estado de cosas, le pidió a Moctezuma II sumisión al rey de España. El tecuhtli convocó a los nobles, les explicó que el rey de España era Quetzalcóatl y "*Dios del Viento*", al que se le debía obediencia en la persona de Cortés y frente a escribano se hizo reconocer como su vasallo. Sin embargo, con todo y su convicción, no pudo menos de apenarse y de llorar al reconocerse súbdito de un monarca al que ni conocía. Los nobles también lloraron, pero se sometieron.

Todas estas humillaciones y las cosas que a diario pasaban, acabaron por hacer estallar el descontento de la nobleza mexica, que hasta entonces lo había soportado todo por respeto a su Señor. Pero llegó el momento de las murmuraciones, por medio de algunos favoritos de Moctezuma II, lo exhortaron a alejar su temor y recobrar su poderío. Los sacerdotes le hablaban en nombre de los dioses, amenazándolo con tremendos castigos si no arrojaba del país a aquellos hombres enemigos de su religión.

Moctezuma II cedió ante aquellas razones, y queriendo librarse del epíteto de cobarde y afligido por la prisión de sus hermanos y demás señores en poder de Cortés, llamó a éste y le dijo que muy a su pesar, pero por el peligroso descontento de sus vasallos, le pedía que regresara pronto a su tierra. Cortés disimuló el disgusto y le contestó que pronto se iría, pero como no tenía naves en qué embarcarse, necesitaba hacerlas, lo cual demandaba tiempo. Moctezuma II se llenó de alegría ante la docilidad de Cortés, le dijo que dispusiera del tiempo necesario, le facilitó carpinteros para que ayudaran a los maestres españoles en la construcción de los barcos. Sin embargo, pasados ocho días, hizo llamar de nuevo a Cortés y, presentándole unas pinturas, le dijo que no era necesario que construyese buques para irse, pues podía marcharse en los diez y ocho que acababan de llegar a Chalchicuecan, se trataba de la armada de Pánfilo de Narváez, que venía a enfrentarse a Cortés.

Al principio, Moctezuma II creyó que Narváez era amigo de Cortés, y en tal concepto le envió varios regalos, pero supo al fin la verdad. Sin embargo, en vez de aprovechar esa circunstancia, Moctezuma II se afligió por el peligro que Cortés iba a correr en su expedición contra Narváez y le ofreció un ejército, que aquél, por recelo a los mexicas, no quiso aceptar. Salió para la costa dejando en México una guarnición de ciento cuarenta soldados, con muchos escuadrones tlaxcaltecas. Esto ocurría a principios de mayo de 1520.

Los españoles que permanecieron en México-Tenochtitlan, quedaron al mando del capitán Pedro de Alvarado, a quien por su pelo rojizo llamaban los indígenas Tonatiuh (el Sol). Hombre nacido en Badajoz, Extremadura, en junio de 1485, era un tipo atlético, valiente, ambicioso y cruel, no obstante poco inteligente, pues por su voracidad precipitó los acontecimientos en una forma terrible.

De todo el calendario indígena, la fiesta del Toxcatl, es decir, el *"renacimiento de Tezcatlipoca"*, el 20 de mayo, era la más importante. Alvarado y los jefes tlaxcaltecas temían que con ese pretexto se produjese un levantamiento, por lo cual puso mucho cuidado en observar los preparativos, yendo al templo mayor que estaban aderezando los sacerdotes activamente. Encontró ahí, en unas jaulas, a tres muchachos destinados a ser sacrificados el día de la ceremonia; habló con los jefes y sacerdotes para que no llevasen a cabo ningún sacrificio humano y que a los muchachos destinados a ser víctimas, los mandasen al cuartel.

Llegado el día, los mexicas comenzaron las ceremonias de su fiesta. Bailaban unos cuatrocientos señores asidos de las manos y sin armas, según costumbre, y como tres mil del pueblo viéndolos. Alvarado dejó la mitad de sus soldados en el cuartel para que vigilasen a Moctezuma II, y con la otra mitad y muchos guerreros aliados pasó a ocupar las puertas del teocalli. Los mexicas bailaban alrededor de los grandes instrumentos sagrados entonando sus cantos religiosos, completamente descuidados. De pronto se oyó una gritería, españoles y guerreros tlaxcaltecas mataron a los sacerdotes que tañían los tambores para luego seguir con los danzantes y espectadores. La matanza duró una hora, fue terrible. Los soldados españoles y los guerreros aliados se dedicaron a despojar a los muertos de sus ricos adornos y joyas; pero no hubo tiempo para más. Un tecuhtli sobreviviente, llamado Tlenamácac, empezó a gritar: "*¡Mexica, arriba! ¿Quiénes son los que tienen el escudo?*".* Tan pronto vieron a este señor enardecido, los hombres de todas las edades y condiciones tomaron las armas y se lanzaron sobre los despiadados agresores, hasta obligarlos a retraerse a su cuartel, dejando un soldado y varios guerreros tlaxcaltecas muertos y muchos heridos, entre ellos el propio Alvarado, quien llevaba una descalabrada, pero que lograron huir para ponerse a salvo. Los españoles tuvieron que fortalecerse a toda prisa, rechazando a los asaltantes con las ballestas, los tiros de sus arcabuces y cañones, con las flechas de los tlaxcaltecas y hasta con piedras que por las azoteas arrojaban. Todo el resto del día estuvieron los mexicas lanzando ataques contra el cuartel de Alvarado y sus compañeros, dedicaron el día siguiente para hacer los funerales de sus muertos, que en su mayoría eran de la clase guerrera y sacerdotal. Una vez terminada la ceremonia, volvieron al asalto; lograron incendiar el cuartel por varios puntos y derribar una pared, lo cual puso en tales aprietos a los españoles y los tlaxcaltecas, que fue preciso subir a Moctezuma a la azotea, y desde ahí, invitó a los mexicas a la paz. Como los mexicas no habían perdido el respeto a su Tlacatecuhtli, cesaron el asalto, pero lo convirtieron en sitio, y aunque se impidió la entrada de agua y víveres al cuartel, éstos todavía no faltaban. Entonces Moctezuma II y Alvarado mandaron un correo a Cortés con la noticia de la situación.

---

* Héctor Pérez Martínez.

Enterado de lo que pasaba en México, Cortés se puso inmediatamente en marcha; llegó el domingo 24 de junio a Tlaltelolco, en donde fue recibido por Alvarado. Las calles estaban desiertas; los bergantines que se habían hecho para pasear por la laguna, habían sido quemados. Todo presagiaba algo terrible. Los mexicas habían levantado el sitio tan sólo para que entrasen confiados todos los españoles y así acabar con ellos. Al día siguiente, amanecieron las calles cortadas y los puentes levantados. El tianguis estaba vacío y los mercaderes ausentes. Cortés, que cuando llegó no quiso ni saludar a Moctezuma II, luego recurrió a él para que mandase abrir el mercado. Pero éste le contestó que la orden sólo sería obedecida, si la daba su hermano Cuitláhuac, quien se encontraba preso, junto con otros señores mexicas. Cortés, en su desesperación y sin pensar en las probables consecuencias, lo puso en libertad, dándoles así a los sublevados un valiente y aguerrido caudillo. A partir de ese momento, los ataques contra el cuartel de los españoles fueron ininterrumpidos y muy violentos. Los guerreros mexicas sufrían muchas bajas por el fuego de los cañones y de la arcabucería, pero cerraban filas inmediatamente. Los mexicas daban sus acostumbrados asaltos, y rechazados unos escuadrones, entraban otros de refresco a los combates. Las bajas entre los españoles y sus aliados eran muy numerosas y empezaban a escasear la pólvora y los alimentos.

Cortés se creyó perdido y mandó pedir a Moctezuma II que arengara a los incansables asaltantes para que cesaran los ataques, a pesar de que había tratado con mucho desdén a Moctezuma II y casi con odio desde su vuelta, sin duda por creerlo complicado en la rebelión, Moctezuma II, siempre débil, accedió; vistió sus insignias, subió a la azotea y se acercó al pretil; dos rodeleros los resguardaban y doña Marina lo acompañaba para oir la plática. Al aparecer el monarca, se suspendió el ataque. Dijo a los guerreros que no estaba preso, sino que se encontraba ahí por su voluntad, y que los españoles estaban dispuestos a salir de la ciudad. Pero contra lo que era de esperarse y faltando por primera vez al respeto tradicional a los grandes jefes mexicas, el joven y valeroso tecuhtli de Tlaltelolco, Cuauhtémoc, excitó a los guerreros a no obedecer a Moctezuma II, llamándolo con desprecio "mancebo de los españoles"; finalmente una lluvia de piedras y flechas cayó sobre el monarca. Según Bernal Díaz, Moctezuma II recibió tres pedradas de los suyos: una en la cabeza, otra en un brazo y otra en una pierna. No quiso ser atendido, ni tomó agua ni comió; murió a los tres días. Existe la versión indígena de que herido, Moctezuma II, fue muerto después a estocadas por los propios españoles, pues ya no les podía servir. Para ganar tiempo y preparar su salida, Cortés resolvió entregar a los mexicas el cadáver de Moctezuma II. Cuando los guerreros recogieron el cuerpo de Moctezuma II, muchos lo censuraban y decían: *"Este vil a todo el mundo hizo temer, en todo el mundo fue temido, en todo el mundo se sentía temor y horror hacia él, pero ¿hay otro señor en el mundo que no sea Moctezuma II, el que abrió las puertas a los extranjeros, el que entregó al fuego a Cuauhpopoca y traicionó a Cacama?".* Sin embargo, el pueblo, respetuoso del varón que lo go-

---

* Héctor Pérez Martínez.

bernara diez y ocho años, lo incineró con reales ceremonias. Era Moctezuma II, según Bernal Díaz, de
edad hasta de cuarenta años, de buena estatura y
bien proporcionado, de pocas carnes, de color no muy
moreno, con los cabellos largos hasta cubrirle las ore-
jas, con pocas barbas, negras y bien puestas, rostro
algo largo y afable, y en el mirar mostraba dulzura y
gravedad. Era muy limpio y diariamente se bañaba.
Agregaremos que, según nuestra cuenta, tendría entonces Moctezuma II cuarenta y cuatro años.

CUAUHTEMOC

Entre los personajes que han creado más leyenda en la historia de México, Cuauhtémoc, indudablemente, ocupa el primer lugar. Hay comentarios acerca de quién y cómo era Cuauhtémoc, pero en la gran mayoría de las narraciones hay especulación imaginaria, pues de todos los que lo conocieron, y el único que escribió un retrato hablado del héroe fue el soldado-cronista Bernal Díaz del Castillo, quien dice al respecto: *"Bien gentil hombre para ser indio y de buena disposición y rostro alegre"*; * y prosigue: *"De muy gentil disposición así de cuerpo como de facciones, y la cara algo larga y alegre, y los ojos más parecía que cuando miraban que era con gravedad que halagüeños... y la color tiraba su matiz algo más blanco que a la color de los indios morenos"*. ** Añade Bernal una nota más de elogio para el príncipe de Tlaltelolco: *"muy esforzado y se hizo temer de tal manera que todos los suyos temblaban de él"*. *** El nombre del Señor tlaltelolca significa *"Aguila que cae"*, *"Aguila que desciende"*, o *"Aguila del crepúsculo"*, como si en el nombre estuviera ya escrito el destino del héroe que condujera a su pueblo con grandeza sublime, al término de su historia.

Hay varias hipótesis sobre la edad que tenía Cuauhtémoc cuando lo conocieron los españoles; pero de todas ellas la más formal y razonable parece ser, otra vez, la de Bernal Díaz del Castillo, cuando dice que "era obra de veinte y cinco o veinte y seis años", es decir, que debió nacer en 1495 o 96. Esto nos permitiría aceptar que entró al Calmecac a los 15 años y

---

* Héctor Pérez Martínez.
** Bernal Díaz del Castillo.
*** Bernal Díaz del Castillo.

que cuatro años antes de la llegada de los españoles ya era Señor de Tlaltelolco, el más importante barrio de la ciudad azteca, en 1515, a la edad de unos veinte años.

Nuestro personaje era hijo del tlacatecuhtli Ahuizotl, y de una princesa tlaltelolca; descendía pues de la vieja nobleza indígena: de Acamapichtli (el primer jefe mexica, cuyo nombre significa *"El que empuña la caña"*, por su padre; y de Netzahualcóyotl, por su madre. Hermano menor de una numerosa familia, cuando era muy niño, en el año 10 Tochtli del calendario mexicano (1502), quedó huérfano. Ahuizotl, el actavo Tlatoani, murió al ocurrir la caída de una viga sobre su cabeza. Subió al poder Moctezuma Xocoyotzin, tío del príncipe de Tlaltelolco, que en ese entonces tedría 6 años. La educación del muchacho se completó hasta los 15 años en su casa, llegado a esa edad, Cuauhtémoc fue enviado al Calmecac, colegio y monasterio de la nobleza mexica, en donde aprendían las ciencias, las artes y sobre todo, los misterios de la religión. Calmécac significa *"Alineamiento de casas"*, seguramente porque los alojamientos para los educandos formaban una hilera. Este colegio-monasterio estaba a un lado del templo o teocalli principal. La educación en el Calmecac debía ser muy dura puesto que le llamaban "casa del lloro y la tristeza", *"...Porque los que allí se crían son labrados y agujereados... Salen como piedras preciosas y plumas ricas, sirviendo a nuestros dioses... Allí se crían los que nos rigen y gobiernan y también los que están en los oficios militares, que tienen poder de matar y derramar sangre..."* *

---

* Padre Bernardino de Sahagún.

En el Calmecac, obtuvo la templanza y el endurecimiento del cuerpo mediante las prácticas más severas; aprendió a esgrimir las armas muy bien y enérgicamente; a soportar las fatigas; a llevar a cabo grandes trabajos, y a enterarse a fondo de los principios cósmicos, de los orígenes de la vida y de la religión, de los cultos particulares de cada deidad y de la historia y mitología de su pueblo. Una vez terminada su educación en dicho centro docente, Cuauhtémoc fue llevado al templo mayor, en donde se le entregaron las armas y le pusieron el distintivo del tecuhtli, es decir, las orejeras de oro. Así, en 1515 Cuauhtémoc alcanzó el rango de segundo Señor de Tlaltelolco, patria de los mexicas del norte y tribu a la que pertenecía por herencia materna.

Un milenio antes que la séptima tribu náhuatl fundara Tenochtitlan, surgió un nuevo culto totémico, el de Quetzalcóatl, la *"Serpiente de plumas preciosas de quetzal"*, cuyo emblema está grabado en Teotihuacan y en Xochicalco. En la mitología indígena, Quetzalcóatl era una fuerza creadora íntimamente asociada con el viento que sopla de oriente, del lado por donde sale el sol, también conocido con el nombre de Ce-Acatl (1-Caña). Este personaje, cuyo origen es seguramente histórico, era un sacerdote *"blanco y barbado"* que enseñó en la ciudad de Tula el primor de los oficios, el arte de los metales, la fabricación de fina cerámica, la riqueza y engarce de las piedras, así como la manufactura de preciosos mantos de plumas de colores. Como sacerdote, sólo ayunaba y hacía oraciones, y no consentía los sacrificios humanos. Los dioses de la mitología de la altiplanicie no aceptaron las opiniones de Quetzalcóatl e iniciaron en su contra una serie de actos para desprestigiarlo. Finalmente lo embriagaron con pulque y así perdió toda su gran fama de bueno y sobrio. Avergonzado, en el amanecer del día siguiente, Quetzalcóatl abandonó Tula, marchó hacia el oriente seguido por sus devotos y desapareció en una puesta de sol, anunciando su regreso en compañía de sus hermanos, para volver a ocupar el trono del que había sido despojado y del cual era el único dueño.

Esa vieja tradición tuvo gran influencia en todos los pueblos de la altiplanicie mexicana y provocó graves consecuencias, pues cuando llegaron a la costa los españoles, se creyó que se trataba de Quetzalcóatl y sus hermanos; se les llamó "teules" (dioses) y no solamente no se les rechazó, sino que se les recibió con grandes y ricos regalos de oro, sahumándolos como a divinidades y dándoles mucho bastimento. Pero no nos adelantemos.

En 1515, los españoles establecidos en las Antillas supieron de la existencia de las "Tierras de Cozumel", por lo que se animaron a emprender la búsqueda de "tierras ricas en oro que se recogía en los ríos sin gran esfuerzo". Así pues, de Cuba salió la expedición a cargo del capitán Francisco Hernández de Córdoba, la cual fracasó, aunque ratificó que "sí se trataba de ricas tierras, muy propias para poblar".* A esa primera expedición, del año de 1517, le siguió otra, a las órdenes del capitán Juan de Grijalva, que llegó a Chalchicuecan (hoy Veracruz), el día de San Juan, de junio de 1518. Debemos decir que los españoles antes que nada venían a "rescatar", como le llamaban

---

* Bernal Díaz del Castillo.

al hecho de darles a los indígenas paganos, cuentas de vidrio, espejitos y otras cosas sin valor, a cambio de piezas de oro, de suerte que de manos paganas pasaban a manos cristianas, rescatando así los tesoros que indebidamente estaban en poder de gentes no cristianas. Grijalva y sus compañeros estuvieron diez días en Chalchicuecan; volvieron a embarcar porque no traían instrucciones para "poblar", limitándose a recoger bastante oro. A su regreso, los exploradores fueron recibidos en Cuba, con grandes demostraciones de alegría, por el gobernador Diego Velázquez, quien desde luego comenzó a planear una tercera expedición.

Moctezuma II de inmediato envió órdenes a sus gobernadores de la costa para entrar en contacto con los que consideraban teules, a quienes les hicieran ricos regalos y los convencieran de no entrar a México-Tenochtitlan.

El jueves Santo de la Cena del calendario Cristiano de 1519, llegó a Chalchicuecan la tercera expedición mandada por el capitán Hernán Cortés, más numerosa que las anteriores. Ya los embajadores los estaban esperando, porque Moctezuma II les había dicho: *"Adorad al dios Quetzalcóatl y decidle: nos ha mandado tu vasallo Moctezuma; he aquí lo que te regala porque has llegado a su tierra."** Cortés recibió los presentes y fue ataviado con las ropas de Quetzalcóatl. Irritado el capitán español por un sacrificio humano que se le ofreció, mató con su puño y espada al sacerdote azteca que le ofrecía sangre, ante el asombro de los enviados de Moctezuma II, que regresaron a dar

* Héctor Pérez Martínez.—*"Cuauhtémoc"*.

cuenta de que *"puro hierro formaba los trajes de los teules; con hierro cubren su cabeza; de hierro es su espada y su lanza. Y sus ciervos (los caballos) los llevan sobre sus lomos. Y sus cuerpos están envueltos por todas partes. Sólo sus rostros son visibles, enteramente blancos... Caras calcáreas, de cabellos amarillos, pero algunos tienen cabellos negros. Y sus perros son muy grandes, con ojos de fuego, con vientre ahuacalado, con lengua colgante, moteados como jaguar...".* *

Moctezuma II volvió a enviar embajadores, pero entonces iban con ellos adivinos y hechiceros, con el fin de "echar una mirada maligna o conjurarlos con una palabra mágica para que enfermasen, muriesen o se regresasen". Sin embargo, los magos y hechiceros fracasaron completamente, diciendo que ellos no eran adversarios propios para el poder de los teules. Al ver que los castellanos no se marchaban e insistían en ir a hablar con el Gran Moctezuma II, los embajadores se retiraron y ordenaron que nadie les diera bastimentos. Pero cuando los mexicas se fueron, se presentaron ante Cortés otros indígenas que dijeron ser totonacas, con quejas múltiples contra los mexicas y Moctezuma II, de manera que se hicieron aliados de Cortés.

Después de haber destruido sus barcos para evitar que muchos soldados lo abandonaran, Cortés se dirigió hacia Tlaxcala, república enemiga de los mexicas. Los tlaxcaltecas libraron dos furiosas batallas contra los conquistadores para luego darse como sus aliados. Cortés y sus huestes, muy reforzados con los nume-

---

* Pérez Martínez.—*Cuauhtémoc.*

rosos escuadrones aliados de Tlaxcala, se puso en marcha hacia Cholula, población importante, en donde se les tenía preparada una celada; pero descubierta la conjura, toda la nobleza cholulteca fue pasada a cuchillo. Moctezuma II se disculpó inútilmente diciéndole a Cortés, por conducto de sus embajadores, que era inocente. Finalmente, la entrada de los conquistadores y sus aliados a Tenochtitlan fue apoteósica, la recepción que les hizo Moctezuma II fue también espléndida *"y como cuento de encantamiento."** La visita a la ciudad, a los tianguis, a los teocallis ensangrentados y la presencia de *"papas que hedían a rastro"*,** todo esto atemorizó el corazón de Cortés, quien informado de la muerte de siete soldados y la del capitán Juan de Escalante en Nautla, a manos de guerreros mexicas, resolvió apoderarse del Tlacatecuhtli Moctezuma II como rehén y garantía de vida. Moctezuma II se negó en un principio a ir al cuartel de los españoles, pero ante el temor de ser muerto allí mismo, con toda su corte se trasladó al palacio de Axayácatl, que servía como cuartel a Cortés, a sus soldados y guerreros aliados. Después fue llamado el tecuhtli Cuauhpopoca, responsable directo de la muerte de los españoles en Nautla, quien junto con sus compañeros, fue quemado vivo.

Transcurridos los días, Moctezuma se enteró del arribo de diez y ocho barcos, que creía eran de amigos de Cortés. Pero se trataba de la expedición de Pánfilo de Narváez, enviado por el gobernador de Cuba para aprehender a Cortés y a sus amigos. Cortés, dejó

* Bernal Díaz.
** Bernal Díaz.

una pequeña guarnición en Tenochtitlan y salió al encuentro de Narváez, a quien derrotó en Cempoala. Mientras tanto, en la capital azteca, el *"malvado capitán Sol, Pedro de Alvarado, de corazón perverso",** ordenó una verdadera matanza de nobles que danzaban en el patio del templo mayor, durante la gran festividad de Tezcatlipoca. Esta gran masacre levantó en armas al pueblo tenochca. Entonces se escuchó el grito de guerra; los jefes de tribu corrieron en busca de sus armas. Un clamor general se levantó en la ciudad llamando a la guerra. Un ataque violento, aunque mal organizado, obligó a los teules a replegarse precipitadamente a su cuartel.

Entre los nueve caudillos, entró en la historia, por primera vez, Cuauhtémoc, el joven tecuhtli tlaltelolca, que tomó el mando militar de su barrio porque el jefe estaba preso con Moctezuma II.

Los combates se sucedían a diario. Cortés, al tanto de lo que acaecía en México, con los soldados de Narváez, que se le unieron, apresuró su marcha en auxilio de la guarnición. Alvarado intentó buscar la paz amparándose en Moctezuma II, a quien le pidió que, junto con el caudillo militar tlaltelolca Izcuauhtzin, hablara al pueblo y lograra pacificarlos. *"Mexicanos —gritó el guerrero tlaltelolca— os ruega Moctezuma II que lo oigan: no igualamos en fuerza a los españoles. Deponed el arco y los escudos, pues no debéis olvidar a los niños y a los ancianos, a los indefensos. Moctezuma II ha sido encadenado con hierro a los pies."*** Un grito unánime de cólera estalló:

---

* Héctor Pérez Martínez.—*"Cuauhtémoc"*
** Héctor Pérez Martínez.—*"Cuauhtémoc"*

"¿Qué dice ese vil de Moctezuma II? Ya no somos sus vasallos".

Los combates se sucedían; los guerreros indígenas encabezados por Cuauhtémoc trataban de llegar hasta el palacio de Axayácatl. El 24 de junio de 1520, Cortés entró en la desierta ciudad con muchas tropas y guerreros aliados; él mismo explica que regresó tan rápido a Tenochtitlan: *"Vista la necesidad en que estos españoles estaban y que si no los socorría, demás de los matar los indios y perderse todo el oro y las joyas que en la tierra se habían habido, así de vuestra alteza como de españoles y míos, se perdía la mejor y más noble ciudad de todo lo nuevamente descubierto del mundo. . ."**

Una vez que entraron Cortés y sus compañeros a la capital azteca, se reanudaron los furiosos ataques en el palacio de Axayácatl. Sin duda, los indígenas seguían un plan de campaña; dicho plan, seguramente ideado por Cuauhtémoc, consistía en dejar entrar a todos los teules en la capital, para sitiarlos ahí hasta que se rindieran o murieran en los ataques.

En tan apremiantes circunstancias, Cortés pidió a Moctezuma II que hablase al pueblo. Bernal Díaz dice que Moctezuma II se rehusaba y decía con gran dolor: *"¿Qué quiere de mí Malinche —así le decían los indígenas a Cortés— que yo no deseo vivir ni oírle, pues en tal estado por su causa mi ventura me ha traído?".*** Sin embargo, Moctezuma II accedió: subió a la azotea y desde ahí se dirigió a los jefes y a su pueblo. Un silencio solemne se hizo en la plaza;

* Hernán Cortés.—III Carta de Relación.
** Bernal Díaz del Castillo.

La defensa de la Gran Tenochtitlan contra los españoles es dirigida por el joven emperador Cuauhtémoc.

los guerreros inclinaron respetuosos la vista, pero cuando el gran tecuhtli les dijo que cesaran la guerra, se alzó una formidable gritería. Una lluvia de piedras y flechas cayó sobre Moctezuma II, alcanzándolo con tres pedradas que lo hirieron de muerte. Cuenta la leyenda que Cuauhtémoc fue quien le dio la pedrada mortal, aunque posteriores declaraciones indígenas han hecho pensar que Moctezuma II fue asesinado por los españoles.

Unos días antes, por consejo de Moctezuma II, Cortés había puesto en libertad a Cuitláhuac para negociar la paz, pero éste se puso al frente de los sublevados, a la muerte de Moctezuma II, fue elevado a Tlacatecuhtli.

Cortés volvió a hablar con los caudillos, quienes lo conminaron a abandonar la ciudad, o si no *"Que habían de morir todos o dar fin de nosotros"*, cita Cortés. Nuevamente volvió a hablar Cortés con los caudillos indígenas, después de un fallido ataque contra el teocalli principal. Les dijo que la ciudad iba a quedar destruída y sus habitantes muertos, pero le respondieron que estaban dispuestos a todo, *"que mirase cómo había guerreros en las azoteas, calles y plazas, que aunque murieran veinte o veinticinco mil de ellos y uno de los nuestros, nos acabaríamos primero nosotros"*, como vuelve a citar Cortés en su "Tercera carta de Relación", dirigida al Emperador Carlos V.

Todas las salidas que los hispanos intentaban, fueron rechazadas mediando pérdidas serias en muertos y heridos; los bastimentos iban faltando, así como también la pólvora y las saetas. Entonces, Cortés dedició abandonar la ciudad antes de ser aniquilado, utilizando la única calzada que no habían destruido los mexicas, la de Tlacopan.

La noche del 30 de junio de 1520, muy oscura y con una ligera llovizna, decidió Cortés salir de Tenochtitlan. Ordenó a su tropa y repartió el tesoro. En vanguardia marcharían Sandoval y Diego de Ordaz; en el centro, Olid y Cortés llevando a los prisioneros Cacama y los hijos de Moctezuma II, a doña Marina, a la hija de Xicoténcatl. El buen jinete Morla se encargaba de la conducción de unos caballos lastimados que llevaban el tesoro, más de ciento treinta y dos mil pesos en oro (más de sesenta millones de pesos de hoy) que se perdió al morir Francisco de Morla en uno de los puentes y producirse el "desbarate". En la retaguardia iban el valiente Juan Velázquez de León y Pedro de Alvarado.

Cortés había hecho construir un puente portátil, transportado por los guerreros tlaxcaltecas. A la media noche emprendieron el camino y lograron cruzar tres tajos sin novedad, pero al llegar al canal Acaloco, que significa *"lugar para las canoas"*, actualmente la avenida Hidalgo, una anciana que había ido a llenar un cántaro con agua, sintió la escapada de los teules con sus amigos y empezó a gritar: *¡Mexicas, venid aprisa, corred que ya se salen nuestros enemigos! ¡Ahora, ahora que es de noche se van fugitivos!* * Un poco después se oyó el lúgubre tañido del huéhuetl y del teponaxtle sagrados del teocalli mayor, y el grito *"¡Caudillos mexicanos, nuestros enemigos escapan, acudid a las canoas de guerra y salidles a los caminos!"**

En pocos minutos la gritería era infernal; las ca-

* Anales de Cuauhtitlán.
** Anales de Cuauhtitlán.

noas de guerra cubrían la laguna y las azoteas se llenaron de guerreros. La multitud enfurecida daba grandes y prolongados gritos de combate llenando de pavor a los fugitivos. La sigilosa salida de la ciudad se convirtió en una huída al estilo de "sálvese el que pueda". La confusión y la desesperada lucha por salvar la vida pronto de apoderó de la columna fugitiva. La noche tan obscura y la desesperación de salir adelante hicieron que muchos españoles encontraran la muerte en las aguas, o cuando eran arrastrados por los mexicas para luego sacrificarlos. Finalmente, el canal cubierto de seres humanos y de caballos muertos sirvieron de puente porque *"los últimos atravesaron a la otra orilla, pasando por encima de los hombres y por encima de los caballos"*, cita el padre Sahagún.

En la terrible obscuridad sólo se oía la gritería de los mexicas, los juramentos de los heridos españoles, o los gritos desesperados de los que caían al agua. Morla fue muerto de un golpe de macana, cayendo pesadamente su cuerpo. El caballo que montaba, espantado, quiso correr y empujó a los dos caballos lastimados que llevaban el gran tesoro, cayendo a la laguna, donde se hudieron con su preciada carga. Los hijos de Moctezuma II y Cacama, que venían con los fugitivos en calidad de prisioneros, fueron muertos por los suyos en aquella terrorífica confusión de la Noche Triste. Más de cuatrocientos españoles y casi todos los guerreros de Tlaxcala murieron o fueron hechos prisioneros. Se perdió toda la artillería y la pólvora. Sólo unos veinte caballos se salvaron, pero todos ellos heridos.

Cortés había escapado; algunos capitanes le pidieron que regresara para auxiliar a los que habían quedado atrapados en el puente. Quiso hacerlo, pero se encontró a Pedro de Alvarado, quien herido y cubierto de sangre, le informó de la inutilidad del regreso. Aquellos que habían quedado atrás, estaban muertos o irremisiblemente perdidos. Cortés organizó a sus exhaustos y maltrechos soldados para retirarse a Tlaxcala, hostilizados siempre por partidas de guerreros que los atacaban sin descanso. Perseguidos, acosados y muriéndose de hambre llegaron a los llanos de Otumba, en donde encontraron un imponente ejército mexica, que intentaba, a como diera lugar, impedir que el enemigo saliese del valle de México. Cortés y los suyos decidieron jugarse la vida, pues el sólo peso numérico era para aplastarlos. Cortés había cobrado la experiencia de que matando a los jefes, el ejército se desbandaría, así, dio las órdenes de abrirse paso hasta donde estaban los caudillos, cuyas insignias los distinguían. Cortés, Sandoval y Olid llegaron hasta donde estaban los caballeros águilas; un jinete, Juan de Salamanca, de tremendo lanzazo mató al cihualcóatl. Tan pronto como los guerreros vieron caer a su jefe principal, dejaron de combatir y fueron retrocediendo. De esta manera, la mermada columna española continuó su marcha hasta tierras de Tlaxcala, en donde finalmente fue muy bien recibida.

Mientras tanto, en la ciudad de México-Tenochtitlan, tres ceremonias ocupaban la atención de sus pobladores: el sacrificio de los prisioneros, el duelo por los muertos en los combates y la consagración de un nuevo Tlacatecuhtli. El Consejo señaló al nuevo caudillo: Cuitláhuac, el animoso señor de Iztapalapa, quien había sido preso de los españoles y puesto en libertad por indicaciones de Moctezuma II, con el fin de pacificar al pueblo sublevado, pero que en realidad se dedicó a organizar la guerra contra los teules. Cuauhtémoc, otro héroe de la resistencia, dio su opinión en favor de Cuitláhuac, lo mismo para que Coanacoch fuese nombrado tecutli de Texcoco, en sustitución de Cacama, héroe muerto en la Noche Triste. Volvían así a quedar integradas las cabezas de la Triple Alianza: Cuitláhuac, Coanacoch y Tetlepanquetzal, es decir, los señores de Tenochtitlan, Texcoco y Tacuba.

Pero cuando el Imperio empezaba a recuperarse del desastre de la guerra y cuando se estaban enviando embajadas a distintos rumbos en busca de alianzas, se desató una epidemia. Un esclavo negro de Narváez traía la viruela, la cual contagio a los costeños, a los totonacas, y de allí se propagó el mal, llamado por los indígenas huezáhuatl. Así, *"mucha gente moría de ella y otros morían de hambre, porque ya enfermos, nadie se ocupaba de ellos."* *

Y en el duelo de la epidemia, México lloró una pérdida: la de Cuitláhuac, quien murió a los ochenta días de haber sido nombrado Tlacatecuhtli. Nuevamente se reunió el Consejo para designar señor. Sin discusión, Cuauhtémoc recibió el cetro y el mando.

La consagración se realizó sin tomar en cuenta los nemonteni, es decir los cinco días funestos del calendario indígena. Pero ¿por qué se entronizó a Cuauhtémoc precisamente en los días aciagos? La respuesta es que precisamente por esos días, en enero de 1521, Cortés regresaba a Tenochtitlan y por tanto resultaba urgente designar al nuevo señor mexica.

---

* Bernal Díaz del Castillo.

Coanacoch y Tetlepanquetzal fueron los encargados de entregarle a Cuauhtémoc el bastón de mando, así como de realizar la ceremonia de la consagración, sin gran pompa y sólo sacrificando a unos cuantos prisioneros tlaxcaltecas. Los señores de Texcoco y de Tacuba abrían el cortejo que conducía a Cuauhtémoc al teocalli de Huitzilopochtli: allí se le atavió, se le tiñó de negro, fue rociado con aguas sagradas y se le dotó de los mágicos símbolos de inmunización y poder, cubriéndole con la manta pintada con cráneos y huesos, símbolo de la tierra. Coanacoch, señor de Texcoco, pronunció las palabras de salutación al nuevo Señor: *"Señor, mirad como os han honrado vuestros caballeros y vasallos, a los que habéis de mirar que no sean agraviados, ni los menores maltratados de los mayores. Tú eres ya nuestro padre y nos tenéis que amparar y defender en justicia. Sois vos el que nos tenéis que regir y poner orden en las cosas de la tierra; mirad, señor, que habéis de trabajar para que no falte sacrificio de sangre y comida al dios sol, para que nos alumbre bien, y a la diosa tierra, para que nos de comida. Y mirad para que se castigue a los malos y a los delincuentes."* * Después se hizo un silencio de muerte en el recinto; luego Cuauhtémoc habló y con seguridad contestó lo siguiente: *"Por ventura pasará sobre mí este gobierno como si fuera un sueño y en breve acabará mi vida; o por ventura pasarán algunos meses y años en que lleve a cuestas esta carga que nuestros abuelos han dejado cuando murieron, grave y de muy grande fatiga. . ."* **

----

* Ritual Azteca.
** Ritual Azteca.

Cuauhtémoc de inmediato se puso a la obra, pues supo que Malinche —Cortés— estaba con muchos soldados y guerreros aliados en camino a Tenochtitlan. El príncipe tlaltelolca buscó la alianza con pueblos que hasta habían sido enemigos, como los michucas, quienes rechazaron la alianza por temer una traición. A los pueblos comarcanos que eran vasallos, los relevó de pagar tributo y les ofreció muchos favores, explicándoles que debían mejor ayudar a México que a Malinche, "*ayudar a los naturales y no a los extranjeros y defender su antigua religión que no acoger la de los cristianos, que tomarían a la gente como esclavos y la matarían...*" * Sin embargo todas las tentativas de alianzas fracasaron, pero Cuauhtémoc no se desanimó; atrincheró bien la ciudad, se hicieron nuevas armas y se entrenaron nuevas tropas. Por esos días Cuauhtémoc contrajo matrimonio con la joven viuda de Cuitláhuac, la hermosa Tecuichpo, hija de Moctezuma II.

Mientras tanto, en Tlaxcala, Xicoténcatl el Mozo, enemigo de los españoles, proponía buscar la alianza con los del Valle de México para combatir a los extranjeros; una noche sería suficiente para acabar con ellos. Pero llegada esta noticia a oídos de Chichimecatecuhtli, lo puso en conocimiento del consejo tlaxcalteca, que reprobó tal conspiración y arrojó gradas abajo a Xicoténcatl, quien estuvo a punto de ser muerto.

Cortés había recibido algunos refuerzos, con sus leales guerreros aliados, se apoderó de Tepeaca, que había opuesto resistencia. Todos los guerreros que cayeron prisioneros, fueron herrados como esclavos con la letra G, de guerra. En esa población fundó Cortés

* Anales de Cuauhtitlán.

la ciudad española de Segura de la Frontera, la segunda en el territorio mexicano.

En Segura de la Frontera estableció Cortés su base de operaciones e inició la campaña para rodear a la gran Tenochtitlan. Poco a poco se iba cerrando el círculo. Cayó en poder de los españoles la ciudad de Texcoco, de la que hizo Señor a su amigo, el príncipe Ixtlixóchitl. A Cuauhtémoc le dolió tanto esta traidora actitud que puso a precio la cabeza de aquél, descendiente de Netzahualpilli.

En Chalco los españoles recogieron a unos nobles aztecas, embajadores de Cuauhtémoc, prisioneros de los señores de esa provincia, con el fin de buscar su alianza. Cortés los puso en libertad para que le llevaran proposiciones de paz a Cuauhtémoc, bajo la amenaza de que la ciudad sería destruida. Cuauhtémoc ni se molestó en responder porque estaba resuelto a luchar por la libertad de los suyos, o morir en ese cometido.

Por esos días, Cuauhtémoc recibió la noticia de que ocho mil tlaxcaltecas habían llevado mucha madera cortada en Huejotzingo y que en Texcoco se estaban construyendo unos *"acallis"*, al mismo tiempo que miles de trabajadores hacían más ancha la acequia de Texcoco al lago de México para que pudiesen pasar las "casas para el agua".

Cortés llegó entretanto a Tacuba y allí los castellanos capturaron a un espía que declaró *"todo lo que en México hacía y concertaba Guatemuz y era que por vía ninguna no había de hacer paces, sino morir todos peleando o quitarnos a nosotros las vidas"*, cita Bernal. Los españoles y sus aliados atacaron durante seis días infructuosamente. Los guerreros de Cuauhtémoc les gritaban: "¿Pensáis que hay agora otro Moctezuma?".

En el interior de Tenochtitlan se produjo una rebelión del pueblo contra la nobleza descendiente de Moctezuma II, adicta a los españoles; pero Cuauhtémoc reprimió aquella rebelión y condenó a muerte a los responsables.

Sandoval, uno de los capitanes de Cortés, se apoderó de Yacapixtla, pérdida que deploró Cuauhtémoc, así como la traición de los chalcas, que se pasaron al enemigo. Durante los combates que a diario se sucedían en la ya rodeada ciudad de Tenochtitlan, los soldados españoles que caían prisioneros eran llevados ante Cuauhtémoc, antes de ser sacrificados en el gran teocalli.

Al terminar el mes de abril de 1521, después de una serie de peripecias terribles, la situación en el interior de la gran ciudad lacustre era muy grave. El hedor de los cadáveres era insoportable. Cuauhtémoc con sus guerreros se fue concentrando en una parte de la ciudad. Tlaltelolco había caído en poder de los españoles; entonces, Cuauhtémoc dijo a los Señores que lo acompañaban: "*Hagamos experiencia a ver si podemos escapar de este peligro en que estamos: venga uno de los más valientes que hay entre nosotros, y vístase las armas y divisas que eran de mi padre. Y entonces un muchacho que se llamaba Tlalpaltecatlopuchtzin se presentó y Cuauhtémoc le dijo: Véis aquí estas armas que se llaman Quetzalteculotl, que eran de mi padre, vístelas y pelea con ellas y matarás alguno, vean estas armas nuestros enemigos, podrá ser que se espanten al verlas.*" *

---

* Padre Sahagún.

Un día Cuauhtémoc recibió un mensajero de Cortés, quien lo invitaba a rendirse, prometiéndole que le perdonaría la vida y *"que mandaría a México y todas sus tierras y ciudades como solía"*;* a la vez le envió regalos y bastimentos. Cuauhtémoc convocó a sus capitanes, quienes le aconsejaron dar una respuesta de paz dentro de tres días porque era conveniente consultar a Huitzilopochtli. Envió a cuatro Señores y Cortés los atendió muy bien. Después, envió Cuauhtémoc otra embajada, asegurándole al capitán que pronto iría a su encuentro, pero los sacerdotes le dijeron que los dioses le darían finalmente la victoria, por lo cual no asistió a la cita. Así se reanudó la batalla con más furor. Cortés volvió a ofrecer las paces a Cuauhtémoc, pero el capitán esperó inútilmente, porque el caudillo tenochca nunca asistió.

Cortés ordenó a Sandoval que con los bergantines atacase el rumbo por donde se encontraba Cuauhtémoc con sus capitanes y familiares. Ante la situación desesperada, Cuauhtémoc resolvió abandonar la ciudad para continuar la guerra en el exterior. Embarcó en una de las grandes cincuenta canoas que tenía preparadas, y en compañía de su familia, puso proa al lago. Sin embargo, Sandoval vio el movimiento y ordenó a los capitanes de los bergantines que lo persiguieran y lo prendieran sin hacerle daño ni faltarle al respeto.

Como a las tres de la tarde, el capitán García Holguín con su pequeña nave le dio alcance; le hizo señales para que se detuviese, pero los remeros de la canoa no dejaban de bogar; entonces, García Holguín

---

* Bernal Díaz del Castillo.

hizo *"como que le querían tirar con las escopetas y ballestas"*. * Cuauhtémoc se levantó de su asiento, mandó a los remeros que dejasen de bogar y dijo con voz alta y sonora: *"No me tires, que yo soy el rey de esta ciudad y me llamo Cuauhtémoc. Lo que te ruego es que no llegues a cosas más de cuantas traigo, ni a mi mujer ni parientes sino llévame luego a Malinche."* **

García Holguín lo recibió con muchas atenciones, en compañía de su esposa y de treinta principales y les dio de comer. A partir de ese momento se produjo una grave desavenencia entre García Holguín y Sandoval, pues alegaban uno y otro haber sido el captor. Cuauhtémoc fue llevado por Sandoval y Holguín ante Cortés, quien *"con alegría lo abrazó y le hizo mucho amor"*. *** Cuauhtémoc, lleno de dignidad, habló entonces: *"Señor Malinche: ya he hecho lo que soy obligado en defensa de mi ciudad y no puedo más, y pues vengo por fuerza y preso ante tu persona y poder; tóma ese puñal que tienes en el cinto y mátame luego con él."* ****

Al hablar así Cuauhtémoc lloraba y sollozaba y también sus compañeros de infortunio. Cortés le respondió que le tenía gran estimación por haber sido tan valiente y haber defendido su ciudad, que él no tenía ninguna culpa y que decansara su corazón y los de sus capitanes, pues *"él mandará a México y a sus*

---

* Bernal Díaz del Castillo.
** Bernal Díaz del Castillo.
*** Bernal Díaz del Castillo.
**** Bernal Díaz del Castillo.

provincias como antes." Cortés preguntó luego por las señoras que acompañaban al Tlacatecuhtli y le rogó *"ordenase a los suyos que se rindieran."*

Como la peste de tantos cadáveres en descomposición era insoportable, Cortés ordenó que todos saliesen con él hacia Coyoacán, el 13 de agosto, día de San Hipólito. Todo el día había estado cayendo una llovizna que cesó hasta la media noche. El sitio había durado setenta y cinco días. Cuando Cortés preguntó por el tesoro de Moctezuma II, Cuauhtémoc dijo que en gran parte lo habían robado los tripulantes de los bergantines. Cuauhtémoc pidió a Cortés autorización para ordenar que toda la gente saliese de México a los pueblos cercanos, debido a la pestilencia de la gran cantidad de muertos. Cortés, a su vez, le pidió a Cuauhtémoc, muy atentamente, que ordenase los trabajos para arreglar el caño de agua potable que llegaba de Chapultepec, se limpiasen las calles, se enterrasen a los muertos y se reparasen puentes y calzadas.

Los soldados españoles, después de un gran banquete en Coyoacán, en el que se embriagaron e hicieron cosas *"que más hubiera valido no hubiera el tal banquete"*, como cita Bernal Díaz, empezaron a demandar su parte del tesoro, pues lo que les había dado Cortés resultaba una miseria. Los oficiales reales, es decir, los supuestos representantes del rey, "decían y publicaban que Guatemuz lo debía tener escondido y que Cortés estaba feliz con ello porque así lo podría haber todo para él."** Julián de Alde-

---

* Bernal Díaz del Castillo.
** Bernal Díaz del Castillo.

rete, el tesorero, pidió a Cortés entregase el tesoro, a lo cuál respondió Cortés que se había perdido en los combates de la Noche Triste. Sin embargo, Alderete replicó que debía haber más oro y que seguramente Cuauhtémoc sabría dónde se encontraba. Así, no por orden de Cortés sino porque éste no pudo impedirlo, se resolvió exigir a Cuauhtémoc la entrega del tesoro y de no ser así se le atormentaría.

Pero no debe haber andado muy lejana la intervención de Cortés, porque en cierta ocasión, doña Marina le dijo al ilustre prisionero: *"El señor capitán dice que busquéis 200 tejuelos de oro, tan grandes como así. . ."* * y mostró la palma de la mano. Como Cuauhtémoc no pudo, ni hubiera podido ni deseado, entregar los tejuelos de oro, fue atormentado por los soldados y los contadores reales. En esto tuvo Cortés una grave responsabilidad, pues permitió tal atentado. En Coyoacán se llevó a cabo la afrentosa tortura. Untaron de aceite los pies del señor de México y los de Tetlepanquetzal, señor de Tacuba, para someterlos al tormento del fuego. Amarrados a unas sillas, se les aplicó fuego a los pies, previamente, como hemos dicho, untados de aceite. El señor de Tacuba se retorcía y se quejaba de las quemaduras, mientras que Cuauhtémoc, resistiendo el tormento le dijo: —*"¿Acaso créeis que yo estoy en un temascal?"*, ** (casa de baño de vapor.)

Cuauhtémoc declaró que algunos restos del tesoro, junto con los cañones y tiros arrebatados a los españoles en la Noche Triste y en otros combates, habían

* Bernal Díaz del Castillo.
** Fray Bernardino de Sahagún.

*El emperador Cuauhtémoc es sometido
a tormento por los conquistadores.*

sido arrojados a la laguna. Nadadores indígenas bucearon en el lugar señalado, pero no encontraron nada. Posteriormente, de uno de los estanques del palacio de Axayácatl, sacaron algunas piezas de poca importancia, todas ellas de propiedad personal de Cuauhtémoc.

Cuauhtémoc estaba preso en el palacio de Moctezuma II (actualmente el Palacio Nacional), curándose las heridas producidas por el tormento aplicado por Julián de Alderete, el cual no fue muy intenso, porque no quedó inválido. En realidad no había sido tanto el martirio, sino la ignominia y la falsía con la que con él se produjeron. Seguramente Cuauhtémoc esperaba la oportunidad de escapar, pero era difícil, pues estaba estrechamente vigilado, aunque se le permitía que lo visitasen sus amigos y exsúbditos, quienes conversaban con él, para sacarlo de su melancolía.

En junio de 1524, llegaron a México los doce primeros frailes franciscanos que venían a la labor de evangelización. Cuauhtémoc e Ixtlixóchitl enviaron mensajeros a Veracruz para darles la bienvenida y aportar lo necesario para el camino. Cuauhtémoc y todos los indígenas quedaron sorprendidos cuando vieron que Cortés se bajó del caballo y se mostró tímido y humilde ante los doce frailes descalzos, que vestían unos sayales pobres y remendados. No alcanzaban a comprender cómo el fiero capitán ponía la rodilla en tierra y besaba las manos, respetuosamente, de esos hombres sencillos y demacrados. Y por esos días llegaba la noticia desde Las Hibueras, situadas en la tierra caliente del sur, acerca de que el capitán Cristóbal de Olid, este atleta increíble se distinguió en la guerra de México, fue enviado a aquellas tierras por Cortés en busca de un paso para la mar del sur, pero convencido por los ofrecimientos y el oro de Velázquez y muy disgustado por las cuentas que les había hecho Cortés sobre el tesoro capturado en México, se levantó en franca rebelión. Cortés mandó a someterle a Francisco de las Casas, su pariente, pero del cual no se tenía la menor noticia desde hacía mucho tiempo.

Cortés resolvió ir personalmente a castigar al sublevado; alistó un ejército y salió de México el 12 de octubre de 1524. En la expedición iba Cuauhtémoc, el señor de Tacuba y otros principales, además de un séquito muy numeroso para participar en aquella peligrosa aventura. La expedición recorrió enormes distancias por territorios agrestes y llenos de peligros, pantanos con enormes lagartos, ríos desbordados, selvas con miles de alimañas muy peligrosas. Se acabaron las provisiones y surgió el hambre, por lo que hubo casos de antropofagia entre los indígenas de la comitiva. Los guías indígenas desertaban y los soldados españoles estaban enfermos y desfallecían. Así, llegaron a la lejana provincia de Acallan, al sur de Campeche, en donde fue recibido de paz en la pequeña población maya de Izankanak. Cuauhtémoc observó silenciosamente los infortunios y el disgusto furioso del capitán. "La existencia de una conjura jamás quedará probada, pero ante aquellos doscientos hombres que más parecían espectros, perdidos en los pantanos y ríos de Acallan, debió pensar el caudillo de México en sublevarse y darles muerte". Cortés vio como los caciques de aquellas poblaciones del norte de Tabasco recibían al que había sido Gran Señor de México, del que aquellas gentes se sentían todavía súbditos. Le dieron ofrendas y buen trato. Un mexicano de origen otomí, llamado Mexicalcíncatl, un enano al que llamaban los españoles Cristóbal, cuyo nombre era Coztemexi Cozcóltic; un tal Motelchiutzin al que nombraban Tapia, y otro que había sido recaudador en Tenochtitlan, al que bautizaron Juan Velázquez, ambicioso que deseaba ser Señor de México al servicio de Cortés, todos estos cuatro personajes citados, fueron los traidores que le llevaron a Cortés la noticia de que Cuauhtémoc, aprovechándose del mal estado en que se encontraban los españoles, iba a provocar una rebelión para matarlos, con la ayuda de los tabasqueños, para luego regresar a México y restablecer la monarquía y el poderío Mexica.

Los testimonios de los *Anales de Tlaltelolco* y lo escrito por Ixtlixóchitl, niegan la existencia de una conspiración, mientras que las oponiones de Cortés y de Bernal Díaz aseguran que estuvo plenamente comprobada. Pero hay un tercer testimonio, ajeno a Cortés y a los historiadores indígenas, el de los mayas de Acallan, que prueban la existencia de pláticas que tuvieron con ellos los Señores mexicanos para destruir el poderío español, dar muerte a Cortés y a su escasa tropa, tan débil y desmoralizada. Existe una versión maya recogida en Izankanak de la plática de Cuauhtémoc con el cacique Pax Bolón, en los términos siguientes: "*Señor rey, estos españoles vendrá tiempo que nos den mucho trabajo y nos hagan mucho mal y que matarán a nuestros pueblos. Yo soy de parecer que los matemos, que yo traigo mucha gente y vosotros sois muchos.*" Dice el texto maya que Pax Bolón se acercó a Cortés y denunció los propósitos del Señor de México. Ixtlixóchitl asegura en su texto que la conversación que tuvo Cuauhtémoc con Coanacoch, señor de Texcoco, y con Tetlepanquetzal, de Tacuba, era sobre la división de la provincia de Acallan entre los tres reinos, ahora que la iban a conquistar, pero completamente en broma. Denunciado Cuauhtémoc por los traidores que hemos citado, fue sujeto a un interrogatorio y reconoció haber asistido a unas pláticas en ese sentido, pero no haber participado en ellas. Sin embargo Tetlepanquetzal declaró que Cuauhtémoc y él habían dicho *"que valía más morir de una vez que morir cada día en el camino viendo la gran hambre que pasaban los maceguales —labriegos y gente común— y sus parientes."* * Sin más investigación, Cortés sentenció a muerte a Cuahtémoc, a Tetlepanquetzal y a Coanacoch, por el delito de traición. Sólo se les dio tiempo para que los dos clérigos flamencos que iban en la expedición, fray Juan de Tecto y fray Juan de Ahora confirmasen y confesasen a los sentenciados, poniéndoles un crucifijo en las manos.

En tanto que el señor de Tacuba expresaba que su muerte era buena por poder morir junto al gran señor de México, Cuauhtémoc se volvió severamente y dijo a Cortés, con amarga sonrisa: *"Malinche: días había que yo tenía entendido que esta muerte me habías de dar y yo había conocido tus falsas palabras, porque me matas sin justicia. Dios te lo demande, pues yo te di mi vida cuando te me entregué en mi ciudad de México".** *

---

* Anales de Tlaltelolco.
** Anales de Tlaltelolco.

Los cuerpos de los señores de México y de Tacuba quedaron suspendidos en las ramas de una ceiba, el árbol sagrado de los mayas, en el anochecer del martes de Carnaval, 28 de febrero de 1525.

HERNAN CORTES

"*Fue de buena estatura y cuerpo, y bien proporcionado y membrudo, y la color de la cara tiraba algo a cenicienta, y no muy alegre, y si tuviera el rostro más largo, mejor le pareciera, y era en los ojos en el mirar algo amoroso, y por otra parte, graves; las barbas tenía algo prietas y pocas y ralas, y el cabello, que en aquél tiempo se usaba, de la misma manera que las barbas, y tenía el pecho alto y la espalda de buena manera, y era cenceño y de poca barriga y algo estevado, y las piernas y muslos bien sentados; y era buen jinete y diestro de todas armas, así a pie como a caballo, y sabía muy bien manejarlas, y, sobre todo, corazón y ánimo, que es lo que hace el caso... Oí decir que cuando mancebo en la isla Española fue algo travieso sobre mujeres, y que se acuchilló algunas veces con hombres esforzados y diestros, y siempre salió con victoria. En todo lo que mostraba, así en su presencia como en pláticas y conversación, y en el comer y en el vestir, en todo daba señales de gran señor. Los vestidos que se ponía era según el tiempo y usanza, y no se le daba nada de traer muchas sedas y damascos, ni rasos, sino llanamente y muy pulido, ni tampoco traía cadenas de oro, sino una cadenita de oro de prima hechura... También traía en el dedo un anillo muy rico con un diamante, y en la gorra, que entonces se usaba de terciopelo, traía una medalla. Comía bien y bebía una buena taza de vino aguado que cabría un cuartillo, y también cenaba, y no era nada regalado, ni se le daba nada para comer manjares delicados ni costosos, salvo cuando veía que había necesidad que se gastase y los hubiese menester dar. Era de muy afable condición con todos sus capitanes y compañeros, especialmente con los que pasamos con él de la isla de Cuba la primera vez, y era latino, y oí decir que era bachiller en leyes, y cuando hablaba con letrados u hombres latinos, respondía a lo que le decían en latín... Y era muy porfiado, en especial en las cosas de la guerra, que por más consejo y palabras que le decíamos en cosas desconsideradas de combates y entradas, no hacía caso. Y siempre en las batallas le vi que entraba en ellas juntamente con nosotros."*

Así describe Bernal Díaz del Castillo, que anduvo con él muchos años, la personalidad del conquistador, con sus humanos contrastes. Pero más allá de los rasgos que nos ofrece Bernal, surgen otros que nos dicen más de la personalidad de este hombre insólito, que nació en Medellín, en el áspero territorio de Extremadura. Sus padres, don Martín Cortés de Monroy y doña Catalina Pizarro Altamirano, eran de ilustre linaje, aunque no pertenecían a la aristocracia. Don Martín era originario de Salamanca, pero se quedó a vivir en la tierra extremeña; tomó las armas contra Isabel la Católica, en defensa de Alonso de Monroy, en la lucha entablada por los Reyes Católicos para someter a la aristocracia rebelde y levantisca. Este pecado de don Martín Cortés se olvidó con el tiempo y nunca le causó molestias. Cuando nació Hernán, en un día del año de 1485 —nunca se supo qué fecha—, don Martín, que abominaba la guerra, quiso que su hijo hiciera carrera de toga para una cancillería.

De la casa en que vivió don Hernán, no queda nada, pero se sabe que tenía una fachada de tres puertas, con ventanas a la calle. Era de dos pisos y con cocina y piezas muy espaciosas. Allí transcurrió la infancia de Hernán. En Castilla una atmósfera de entusiasmo sacudía a su gente. La nación, liberada de los musulmanes, unificada políticamente ponía su atención en el ensanche del Imperio Español allende el mar océano, y a ello no escaparía el joven Hernán.

Don Martín, en su esperanza de hacer del muchacho un buen abogado, reunió un dinero para mandar a Hernán, que entonces tenía catorce años, a la Universidad de Salamanca, a vivir a la casa de un pariente. El muchacho viajó a caballo en una conducta de comercio, propiedad de un arriero al que le llamaban Picos Pardos, buen hombre que había visto mucho mundo. Sus relatos dejaron boquiabierto al adolescente, pues eran cuentos fabulosos sobre las lejanas tierras indianas recién descubiertas. El mismo había conversado con uno de los *"indios"* que Américo Vespucio había llevado a Sevilla, y otros marineros le habían contado que en aquellas tierras el oro manaba fácilmente. Hernán, que había tenido una niñez enfermiza, en los claustros de la Universidad soñaba con llegar a ser un explorador intrépido y desembarazarse de los aburridos y eternos estudios encaminados a ser teólogo o jurista.

Al parecer, estuvo dos años estudiando y después entró a trabajar como escribano en la casa de un notario, en Valladolid, donde aprendió conocimientos que le iban a ser muy útiles. Entonces Hernán decidió marchar a Italia, en donde el Gran Capitán, Gonzalo de Córdoba necesitaba soldados, pero cuando estaba a punto de partir hacia Nápoles, cambió de opinión. Consideró preferible viajar a las fabulosas tierras en donde el oro estaba al alcance de la mano. Se alistó en una flota al mando del nombrado gobernador de la Española, Nicolás de Ovando; mas cuando estaba a

punto de partir, un asunto de faldas obligó al joven-
zuelo mujeriego a quedarse en tierra, con una pierna
fracturada. Al fin, a la edad de 19 años embarcó en
San Lúcar de Barrameda, en un convoy formado por
cinco navíos a las órdenes de un Alonso Quintero,
inexperto marino que hizo peligroso el viaje. Al poner
pie en tierra en Santo Domingo o la Española, Cortés
pensó que pronto sería rico, sin embargo pronto frenó
sus ímpetus y midió sus pasos. Se estableció como
granjero y burócrata; tuvo encomienda de indios y la
escribanía del ayuntamiento de Azúa.

En 1511 don Diego Colón organizó la conquista
de la isla Fernandina (Cuba), dándole el mando de
sus naves a Diego Velázquez, importante funcionario,
soldado veterano de las guerras de Italia, hombre
listo, aunque le gustaba dar la apariencia de torpe.
Cortés se alistó como voluntario y pasó a Cuba, de la
que se apoderaron fácilmente los españoles y funda-
ron la ciudad de Baracoa, que en 1514 cambió su
nombre por el de Santiago de Cuba. Cortés fue Secretario del Gobernador y Tesorero del Rey, y llevaba excelentes relaciones con Velázquez hasta que llegó
a Santiago un joven granadino llamado Juan Xuarez,
llamado por los marinos el *"Marcaido"*, quien llevó
con él a cuatro hermanas, de las cuales la mayor casó
con Velázquez. Cortés tuvo que ver con la menor,
pero no quería casarse, por lo que intervino Velázquez
y lo metió a la cárcel. Ante tal circunstancia, y después de una serie de escapatorias y escondites, Cortés
aceptó contraer matrimonio, siendo su padrino el propio Velázquez. La paz se hizo y Hernán fue nombrado
alcalde de Santiago de Cuba.

Para ese entonces ya se tenían noticias muy tentadoras acerca de la Tierra Firme, donde existía un país extraño y rico, cuyas costas apenas habían sido vislumbradas por algunos navegantes. Un piloto llamado Antón de Alaminos, que fuera grumete en las expediciones de Colón, hablaba de la existencia de esas tierras misteriosas, lo cual entusiasmó a un grupo de aventureros, quienes nombraron capitán a un rico propietario llamado Francisco Hernández de Córdoba, amigo de Velázquez, que reunió una flota de tres naves con los ciento veinte hombres que se habían comprometido. Velázquez se asoció a la expedición y dio el permiso, de suerte que el día 8 de febrero de 1517, zarparon hacia alta mar los exploradores. Llegaron a Campeche, en donde visitaron un pueblo y vieron sus adoratorios y recogieron, además, por primera vez testimonios de sacrificios humanos. Abandonaron el sitio, conminados por los sacerdotes y caciques. Al desembarcar en Catoche, los indios les dieron una gran batalla, matando o hiriendo a casi todos castellanos, el propio Hernández de Córdoba recibió once heridas, de las cuales murió tiempo después en Cuba. En Catoche lograron hacer prisioneros a dos jóvenes indígenas, a quienes bautizaron con los nombres de Melchor y Julián.

Velázquez organizó una segunda expedición, a las órdenes del capitán Juan de Grijalva, integrada por cuatro barcos guiados por el piloto Antón de Alaminos, quien también había conducido la primera, y doscientos cuarenta hombres. Con ellos venían Melchor y Julián, para servir de intérpretes. Pasaron por Cozumel y llegaron a Champotón, en donde tuvieron una batalla con los naturales. Continuaron costeando hasta un río al que llamaron Grijalva. Ahí, por pri-

La derrota de la "Noche Triste" obliga a
Hernán Cortés a abandonar la
Gran Tenochtitlan, el 30 de junio de 1520.

mera vez los españoles tuvieron noticia de un país situado al noroeste, en donde existía oro en abundancia y al que los indios nombraban Culúa. Se hicieron a la mar, hasta llegar a otro río que llamaron de Banderas, porque los indios les hacían señales con unas banderolas atadas a sus lanzas. Continuando el viaje, arribaron a una isla, en donde encontraron los cuerpos de unos jóvenes indígenas recién sacrificados, por eso la llamaron *"Isla de los Sacrificios"*. Después llegaron a la costa de Chalchicuecan (Veracruz), el día 24 de junio de 1518, a un islote con un *"cu"* o adoratorio, que tenía víctimas sacrificadas ese día. A ese islote le llamaron San Juan de Ulúa, porque era el día del capitán y porque los indígenas decían *"¡Culhúa!"*. De allí mandó Grijalva a Pedro de Alvarado a Cuba, con una carabela, para que llevase los enfermos, el oro que habían rescatado y diese noticias del descubrimiento. Alvarado fue recibido con regocijo; Velázquez se apresuró a enviar una tercera expedición a las tierras de *"Yucatán"*, como se le llamó al principio a estas tierras, pero tuvo dificultades para encontrar un capitán que la dirigiese. Entonces, el secretario Andrés de Duero y el tesorero Lares propusieron insistentemente a Hernán Cortés, quien era su amigo y había ofrecido ir. Velázquez aceptó a su concuño y ahijado de matrimonio, al que se extendieron las "Instrucciones" para la empresa, en las que se disponía buscar a Grijalva, quien regresó algunos meses después; a unos náufragos que estaban en poder de los indios de aquellas tierras; levantar una carta marítima; ver por la fe cristiana y someter a los indígenas al vasallaje del Emperador; *"rescatar"* oro e informarse de dónde lo sacaban; se decía nada acerca de fundar poblaciones.

Con estas instrucciones en la mano, Cortés puso mucho entusiasmo en la empresa, al grado que produjo sospechas en Velázquez. Los enemigos de Cortés intrigaron para que lo relevaran del mando y hasta contrataron a un bufón, para que en la vía pública dijese a Velázquez *"que el extremeño se le iba a alzar con la armada"*. La desconfianza aumentó porque vieron que Cortés se puso buen vestido, vendió o empeñó sus propiedades para ir comprando todo lo necesario, y pregonó en las principales poblaciones a tambor batiente y levantando un estandarte, que decía: *"Amigos: sigamos la señal de la Cruz con fe verdadera y con ella venceremos."* Como las intrigas continuaban y Velázquez les hacía caso, Duero recomendó a Cortés que se hiciera pronto a la mar. Sin completar los avíos y soldados, después de despedirse muy ceremoniosamente de Velázquez, Cortés ordenó que la flota compuesta por seis navíos y algo más de trescientos hombres, saliese de Santiago el día 18 de noviembre de 1518.

Cortés mandó comprar bastimentos a otros puertos, mientras él se dirigía a Trinidad, en donde compró pan y salazones, incorporándosele Juan Sedeño con un barco, provisiones y algunos marineros. De sus correrías por esos puertos, el mismo Cortés dice: *"A mi fe que anduve por allí como un gentil corsario."* En Trinidad se le unieron los hermanos Alvarado, Alonso de Avila, Juan de Escalante, Lares, un muy buen jinete y otros. En Sancti-Spiritus, Gonzalo de Sandoval, Juan Velázquez de León, Alonso Hernández Portocarrero y otros. Pero a este puerto llegaron dos criados de Velázquez con órdenes secretas para aprehender a Cortés y mandarlo preso a Santiago. Cortés, con muy buenas pláticas y razones, convenció a todos para que lo siguiesen en la empresa. Uno de los criados se unió a la aventura, mientras el otro regresaba para decirle a Velázquez que el entusiasmo de Cortés era tan fuerte, que resultaba imposible dar cumplimiento a sus órdenes. La expedición puso proa a La Habana, el navío de Cortés, que era el de mayor calado, varó en unos bajos y tuvo que descargar para ponerse a flote y poder seguir viaje. Como se retrasó, creyeron los capitanes que se había perdido, por lo que Diego de Ordaz se aprontó para ponerse al frente de la armada. Esto provocó después la desconfianza de Cortés. En La Habana se unieron otros capitanes y soldados, con bastimentos y caballos; salieron todos para el cabo San Antón, de donde zarparon el 18 de febrero de 1519, tres meses después de la última entrevista con Velázquez. Los efectivos alcanzaban la cifra de 518 soldados, 32 ballesteros, 13 escopeteros, 16 de a caballo, 110 marineros, el fraile mercenario Bartolomé de Olmedo y el clérigo Juan Díaz, 200 indios, algunos negros, 10 cañones de bronce y cuatro falconetes. Alvarado, que ya conocía el rumbo, se adelantó y llegó a la isla de Cozumel, en donde hizo a algunos indígenas prisioneros y robó una aldea. Cortés culpó de esto al piloto Camacho y lo hizo castigar. Valiéndose de Melchor, el indio sobreviviente de los dos que había llevado Hernández de Córdoba, convenció a los naturales que venía de paz y éstos le dijeron que había dos náufragos por ahí. Cortés mandó a Ordaz con su navío para que recorriese el litoral, dándole un plazo de ocho días para que regresara con los referidos náufragos; pero vencida la fecha, llegó Ordaz sin noticias. Molesto Cortés por la fallida búsqueda, ordenó continuar el viaje; pero cuando estaba la flota frente a la isla de Mujeres, la nave de Escalante empezó a hacer agua y hubo necesidad de regresar a tomar tierra para componerla. Estando allí en los trabajos, llegó una canoa con tres indios; uno de ellos se adelantó y dijo: *"¡Ave María y Sevilla!"*. Era Jerónimo de Aguilar, clérigo con órdenes menores, natural de Ecija, quien dijo haber naufragado hacía diez años con otros compañeros, que habían sido muertos por los indios, menos un marinero llamado Gonzalo Guerrero y él. Guerrero no había querido ir porque estaba casado con la hija de un cacique, tenía dos hijos pequeños a los que quería mucho y estaba muy contento con su nueva vida.

Reparado el daño en el barco de Escalante, la expedición se hizo a la mar, explorando y reconociendo todo el litoral hasta llegar frente a la costa de Tabasco, en donde desembarcaron y tuvieron que combatir con muchos escuadrones de guerreros que atacaban con energía, pero fueron derrotados sobre todo por la sorpresa que les produjo el empleo de las armas de fuego y los caballos. Al lugar se le llamó Santa María de la Victoria. Melchor escapó para unirse a los guerreros indígenas, más cuando se hicieron las paces, Cortés lo pidió, pero los caciques dijeron que lo habían sacrificado por haber sido quien indujo al ataque de los castellanos, asegurándoles que los tabasqueños quedarían vencedores. Los señores y sacerdotes indígenas se declararon vasallos del rey de Castilla, entregando los primeros tributos que consistían en algunas piezas de oro y veinte mujeres; una de ellas, de buen parecer, entrometida y desenvuelta, recibió el nombre de doña Marina; se le entregó a Alonso Hernández

Portocarrero, pero fue tan indispensable para Cortés, que se quedó con ella y tuvo sucesión.

Doña Marina se convirtió en personaje legendario de gran importancia, fue incondicional a Cortés. Hablaba náhuatl, porque era de ese origen; cuando su madre enviudó, volvió a casarse y el nuevo marido la obligó a deshacerse de la niña, que fue vendida a unos mercaderes que se dirigían a la región maya. La compraron en Tabasco, donde con mucha facilidad, pues era muy inteligente, aprendió el maya.

Aguilar y la Malinche, como le decían los españoles, fueron intérpretes de inapreciable valor en la gran empresa de la conquista. El domingo de Ramos, después de oir misa con una solemne procesión, salieron los expedicionarios con rumbo a Ulúa, a donde llegaron el Jueves Santo de la Cena. No tardaron en llegar los embajadores del gran Moctezuma II con ricos presentes. Fueron recibidos por Cortés, quien les dijo venía por orden del rey más poderoso de la tierra con el fin de buscar a su señor Moctezuma II para hacer amistad. Se fueron los embajadores llevándose un casco, que tenían que regresar lleno de pepitas de oro, y unas baratijas como regalos para Moctezuma II. Mientras tanto el capitán mandó a Alaminos para que reconociese la costa y buscase un lugar propio que cubriese a los navíos del viento del norte. El piloto dio con un lugar llamado Quiahuiztla, muy propio al efecto.

Los embajadores regresaron; venía con ellos un cacique llamado Quintalbor, muy parecido a Cortés. Traía muchos regalos y entre ellos dos ruedas representando el sol y la luna, de oro y plata, pero también traían un recado de Moctezuma II, en el que decía que no pasaran a la ciudad de México-Tenochtitlan argumentando muchos pretextos. Sin embargo, Cortés hizo saber a los embajadores que no podía renunciar a su propósito de ver al gran Moctezuma.

Molestos, los representantes del gran señor de México, se retiraron de las playas dando órdenes para que ya no se les proporcionasen bastimentos a los señores blancos. Inmediatamente después se presentaron cinco señores indígenas, muy bien ataviados, aunque en forma diferente que los aztecas. Pidieron hablar con el capitán y dijeron ser enviados del cacique de un lugar cercano llamado Cempoala, y que antes no se habían aproximado por estar allí los de Culhúa, que eran sus enemigos. Venían a invitar a los extranjeros a que pasaran a su ciudad. Cortés los despidió y ofrecio pronto ir a verlos.

Entretanto, los amigos de Velázquez le dijeron a Cortés que era conveniente regresar ya a Cuba, porque eran pocos para fundar allí una población. El capitán los quiso convencer con pláticas para seguir en la empresa, pero no aceptaron. Entonces, Cortés hizo que sus partidarios, en supuesta decisión propia, resolvieron fundar una villa española. Se hizo una reunión, se nombraron autoridades y quedó establecido un ayuntamiento, el primero en la América Continental, el cual designó a Cortés Capitán General y Justicia Mayor, quedando así desligado de Diego Velázquez. La nueva población se llamó la Villa Rica de la Veracruz. La nombraron así por haber sido el Viernes Santo de la Cruz el día que desembarcaron, y Rica, porque Portocarrero lo propuso al asegurar al capitán que "*Mirase las tierras tan ricas y que las supiera* *gobernar".* * A lo que Cortés contestó: *"Denos Dios ventura en armas que en lo demás, teniendo a vuesa merced y a estos otros caballeros por señores, bien me sabré entender".* ** Como las murmuraciones seguían, Cortés apresó a Juan Velázquez de León y a otros, pero luego les dio la libertad, platicó con ellos y los convenció en tal forma que después siempre le fueron incondicionales.

Los españoles pasaron a Cempoala, en donde fueron muy bien recibidos por el cacique, un hombre gordo, quien expresó sus quejas contra Moctezuma II. Cortés le prometió remediar las cosas y evitar se cometieran más violencias. Cuando Cortés estaba en Cempoala ocurrió el incidente de los recaudadores aztecas que por su consejo fueron hechos presos por los cempoaltecas, cuyo desenlace ya se ha relatado. Entonces, el capitán resolvió trasladar la Villa Rica de la Veracruz a un lugar llamado Quiahuiztla, cerca de donde estaban los navíos protegidos de los nortes. Era una llanura amplia y en ella se trazó el plano de la ciudad, iniciándose las obras de una fortaleza. Los pueblos totonacas estaban admirados que el poderoso Moctezuma II, en vez de mandar guerreros para castigarlos, sumisamente enviase ricos presentes a los españoles. Aprovechando su prestigio, Cortés subió al teocalli de Cempoala con una barra y ayudado por algunos soldados derribó los ídolos. El pueblo se quiso sublevar, pero fue contenido por los caciques. Se acondicionó un lugar para capilla, en donde se colocó una cruz y una imagen de la Virgen.

---

* Bernal Díaz del Castillo.
** Bernal Díaz del Castillo.

Francisco de Saucedo llegó a la Villa Rica con diez soldados y dos caballos con la noticia de que Velázquez había recibido capitulaciones del Consejo de Indias para fundar poblaciones en las tierras recién descubiertas. La noticia alegró mucho a los amigos del gobernador de Cuba, deseosos de regresar. Ante tal situación, Cortés y los miembros del flamante ayuntamiento, resolvieron mandar procuradores a la Corte, con el fin de que informasen la verdad de las cosas y obtuviesen la venia del Emperador para seguir en su real servicio. Pero mientras partían los procuradores, en la Villa Rica se fraguaba una conspiración contra Cortés por parte de los amigos de Velázquez. Descubierto el complot, se hicieron las averiguaciones y se castigó a los principales culpables, ahorcando a dos, mutilando a otros de los dedos de la mano izquierda y azotando al resto. Mas esas medidas no surtieron mucho efecto. La idea de regresar a Cuba seguía en pie, por lo que Cortés estuvo pensando qué hacer y se le ocurrió destruir las naves. Se puso de acuerdo con los pilotos y maestres, para circular el rumor de que los navíos estaban "comidos de broma", e imposibilitados para navegar. Entonces, el capitán ordenó *dar de través a los navíos*. Pilotos y marineros subieron a bordo y los barrenaron, quedando inútiles y recostados en los arenales. Se recogieron velas, anclas, cables, clavazón y todos los efectos que había.

A mediados de agosto los expedicionarios salieron de Cempoala hacia México, dejando una guarnición en la Villa Rica, al mando del capitán Juan de Escalante. El cacique gordo aconsejó tomar el camino de Tlaxcala, república cuya alianza convenía asegurar.

Los cempoaltecas proporcionaron a Cortés "tamemes" para que llevaran el fardaje y la artillería, así como algunos escuadrones de guerreros. Los conquistadores llegaron a Zautla, un pueblo muy limpio y bien encalado al que unos soldados portugueses nombraron Castiblanco, cuyo cacique era vasallo de Moctezuma II y se sorprendió cuando los castellanos le dijeron que venían enviados por un rey más poderoso que su señor, quien anualmente sacrificaba unos veinte mil hombres en los teocallis.

El capitán Cortés mandó de Castiblanco a cuatro embajadores totonacas a Tlaxcala pero como no regresaban, ordenó la marcha hacia esa ciudad, que era cabecera de una confederación de señoríos. Los guerreros tlaxcaltecas salieron al campo a presentar batalla a los teules, obedeciendo a un señor joven llamado Xicoténcatl, quien a pesar de sus reiterados ataques valerosos, fue rechazado y tuvo serias pérdidas. Cortés mandó otra embajada proponiendo las paces, a lo que Xicoténcatl contestó *"que las celebrarían hartándose de las carnes de los teules y honrando a los dioses con sus corazones"*. * Xicoténcatl, con el pretexto de llevar bastimento a los españoles, mandó cincuenta espías que descubiertos, fueron ferozmente castigados cortándoles la mano izquierda y devolviéndolos al señor que los había enviado.

A los cuatro días de batallas, llegaron al campo de Cortés unos embajadores tlaxcaltecas acompañados de representantes de Cortés, pidieron las paces y ofrecieron la alianza con los castellanos, diciendo que habían opuesto resistencia porque los tenían por

---

* Bernal Díaz del Castillo.

amigos de Moctezuma II. Con sus soldados y aliados, Cortés entró a Tlaxcala, en donde fue muy bien recibido, se les ofreció la paz, la alianza, regalos, bastimentos y siete mil guerreros para que los reforzaran, aunque el viejo Xicoténcatl y demás caciques les recomendaban insistentemente no se fiaran de Moctezuma II y no fueran a Tenochtitlan.

Después de unos días de reposo en Tlaxcala, los españoles y sus aliados marcharon hacia Cholula, a donde entraron el catorce de octubre. En la vieja ciudad santa de Quetzalcóatl, fueron recibidos con grandes muestras de acatamiento y cortesía; les regaban flores a su paso y se les sahumaba con resina de copal. A pesar de esas demostraciones, se les tenía preparada una celada, de la que fue prevenido Cortés, y comprobada, realizó un terrible escarmiento: una matanza que duró algunas horas.

Cortés estuvo varios días en Cholula mientras descansaba su tropa y sus aliados. Desde allí contemplaron los grandes volcanes, cubiertos de nieves eternas; el capitán Diego de Ordaz pidió permiso para ir con unos guías indios a la cima del Popocatépetl. Los guías se regresaron a medio camino y Ordaz continuó solo hasta la cima, de donde vio, maravillado, el hermoso valle mexicano. Posteriormente el emperador Carlos V dio a Ordaz como escudo de armas un volcán humeante, cubierto de nubes.

El capitán español seguía recibiendo nuevas embajadas y los acostumbrados regalos y excusas de Moctezuma II para que no llegara a su capital; inclusive, empleó el recurso de sus prácticas mágicas y de hechicería poniendo en el camino cosas de *"encantamiento"*, las cuales fueron objeto de burlas y de menosprecio por parte de los españoles. Cortés cruzó con sus soldados y guerreros por el paso que está entre los dos grandes volcanes, avanzando por Amecameca y Tlalmanalco. Los caciques del señorío de Chalco acudieron ante Cortés para darse de paz y exponer quejas contra Moctezuma II, diciéndole, además, que el paso a México estaba libre porque los iban a dejar entrar para luego hacerlos prisioneros y sacrificarlos en sus grandes "*Cu*", o adoratorios.

En el pueblo de Ayotla salió a recibirlos Cacama, señor de Texcoco y sobrino de Moctezuma II, todavía para insistir en que retrocediesen. Ya en plena región lacustre llegaron a Tláhuac y a Iztapalapa. Esta ciudad dejó maravillados a los castellanos por sus jardines y sus construcciones en el agua. Todo les parecía cosa de "*encantamiento*", como en los libros de caballerías de Amadis de Gaula. De Iztapalapa marcharon hasta un reducto amurallado en el empalme de la calzada de México a Coyoacán, en donde actualmente está la calle de San Antonio Abad, punto llamado el fuerte Xoloc. Los conquistadores se fijaron que de trecho en trecho había cortaduras en las calzadas, que durante el día se cubrían con puentes de madera, y en la noche se retiraban. Allí estaba por fin, la gran ciudad que deseaba conocer Cortés. Era muy hermosa. Esto ocurría el 8 de noviembre de 1519. La recepción que les dio Moctezuma fue espléndida, los aposentó en el viejo palacio de Axayácatl, frente al templo mayor.

Cortés pasó los primeros días de su estancia en la ciudad conociendo todo. Visitó el gran mercado de Tlaltelolco, el gran teocalli y los adoratorios, donde estaban los grandes ídolos que presidían los ritos sangrientos de los sacrificios humanos. Vio los corazones de las víctimas de aquel día y sintió el deseo de acabar pronto con esa horrorosa práctica, pero el padre Olmedo le dijo que tenían que hacerse las cosas en su oportunidad y poco a poco. La mejor sorpresa que tuvieron en el palacio que les servía de cuartel, fue el encontrar en una cámara disimulada el fantástico tesoro de Axayácatl. Cortés, haciendo gala de una honradez, que ciertamente no era una de sus características, ordenó que nadie tocase dicho tesoro.

Sin embargo, los soldados y Cortés a cada momento medían el peligro en que se encontraban; se daban cuenta que el pueblo estaba muy disgustado de ver a su gran señor manejado por los extranjeros y que con sólo que el monarca dijese, fácilmente serían destruídos, aún contando con los numerosos guerreros auxiliares. Por ello, el capitán resolvió dar un golpe de mano apoderándose de la persona de Moctezuma II con el pretexto de los sucesos de Nautla, la muerte de Juan de Escalante y de siete de sus soldados a manos de un jefe guerrero llamado Cuauhpopoca. Moctezuma II se indignó y manifestó su inocencia ordenando que los culpables se presentaran en México. No valieron razones ni excusas, pues los soldados de Cortés estaban decididos a llevárselo. Moctezuma II no tuvo valor para resistir y mansamente los siguió al cuartel, a donde trasladó su séquito e hizo creer a sus súbditos que lo hacía por consejo de los dioses. Cuauhpopoca y sus compañeros llegaron en los primeros días de diciembre ante Cortés, quien después de breve juicio los sentenció a muerte en la hoguera. Moctezuma fue encadenado, pero pasada la ejecución se le quitaron las cadenas y Cortés se disculpó ante él.

Durante los días siguientes se mandaron expediciones a los lugares en donde había oro. Para entonces la situación resultaba ya insoportable para la aristocracia indígena, por ello, Cacama, señor de Texcoco, preparaba una rebelión en contra de los teules. Moctezuma II hizo aprehender a Cacama y lo entregó a Cortés, quien lo encadenó. Pronto lo acompañaron otros señores importantes como Totoquihuatzin, de Tacuba, y Cuitláhuac, de Iztapalapa.

Cortés le pidió a Moctezuma II que se hiciese vasallo del Emperador español; el monarca azteca llamó a los nobles y los convenció de aceptar el vasallaje. Todos entregaron tributo en oro, el cual fue fundido para separar el Quinto Real y el de Cortés; pero éste procedió en forma turbia y produjo así el descontento entre sus soldados.

Muchos caciques, profundamente disgustados, le comunicaron a Moctezuma II que estaban prestos a sublevarse contra los españoles; el monarca llamó a Cortés y se lo hizo saber, recomendándole que salieran de la ciudad antes de que empezara la guerra. Cortés contestó que así lo haría, pero que era necesario mandar hacer tres navíos, lo cual llevaría algún tiempo. Además, acordaron que Moctezuma II lo acompañaría en el viaje a Castilla. Cortés mandó a sus carpinteros para que hicieran los tres navíos en la Vera-Cruz, más a los ocho días, Moctezuma II lo llamó para decirle que ya no se ocupara de hacer los barcos porque habían llegado a la costa diez y ocho con mucha gente, armas y caballos. Cortés se puso muy contento, pero después supo que eran enemigos enviados por Velázquez a aprehenderlo, a las órdenes de un capitán llamado Pánfilo de Narváez.

Cortés trató de llevar a cabo negociaciones para arreglar las cosas con el enviado de Velázquez, pero se negó por completo, refiriéndose a don Hernán siempre con palabras duras y amenazadoras. Ante la imposibilidad de llegar a un arreglo, Cortés marchó contra Narváez, que se encontraba en Cempoala, dejando en México como guarnición y para vigilar a los prisioneros, a Pedro de Alvarado, Tonatiuh, el Sol, como le decían los indígenas por su pelo rojo, con ciento veinte soldados y los guerreros aliados.

Atacado por sorpresa en Cempoala la noche lluviosa del 29 de mayo, Narváez perdió un ojo en la refriega y fue hecho prisionero. *"Es una de las menores cosas que he hecho en esta tierra"*, le dijo Cortés, quien desde ese momento quedó dueño de diez y ocho navíos y un ejército tres veces superior al que había traído de Cuba y que ya estaba diezmado. Después de esa victoria, Cortés mandó dos naves a Jamaica para que trajeran ovejas, cerdos, caballos y ganado vacuno; otros dos a Pánuco, al mando de Juan Velázquez de León y el resto de los barcos de Narváez, fue desprovisto de velas, timones y agujas, y puesto todo al cuidado de un maestre llamado Rodrigo Rangel. Mientras tanto, en Tenochtitlan, Alvarado y su tropa llevaron a cabo una terrible matanza en la plaza del templo mayor, cuando bailaban cuatrocientos nobles y se hallaban reunidos muchos espectadores en la fiesta de Toxcatl, en honor de Tezcatlipoca. Ya era demasiado, la flor de la nobleza yacía asesinada, y sin poder contenerse más, el pueblo, enardecido, acometió furiosamente a los soldados y guerreros de Alvarado, que con dificultad se replegaron e hicieron fuertes en el cuartel. Ya sin pensar si eran *teules* o no, los indígenas les pusieron sitio, les cortaron el agua y los privaron de víveres. Moctezuma II trató de aplacarlos, pero no quisieron retirarse hasta que supieron que Cortés regresaba victorioso. Ciertamente, Cortés había recibido mensajes angustiosos de ayuda e informes de lo que ocurría en México, poniéndose en marcha inmediatamente con su ya numeroso ejército pues como hemos dicho, se habían agregado los soldados de Narváez. Llegó a Tlaltelolco el 25 de junio y exigió a Moctezuma que ordenara el restablecimiento de la vida normal y reabriera el mercado. El monarca azteca pidió para ello que se pusiera en libertad a Cuitláhuac, quien llevaría sus órdenes. Pero la masa sublevada encontró en Cuitláhuac un gran caudillo, organizador de la lucha contra los invasores. Del 26 al 30 de junio, Cortés y sus soldados no tuvieron reposo en repeler los continuos y furiosos ataques. Moctezuma II, obligado por Cortés, arengó a sus súbditos desde la azotea del cuartel, pero apenas lo vieron, lo injuriaron y le arrojaron piedras, con las cuales lo mataron. Ante la desesperada situación, Cortés resolvió salir sigilosamente con su ejército en la noche lluviosa del 30 de junio. Mandó hacer un puente de madera, portátil, para irlo poniendo en las cortaduras de la calzada de Tlacopan, que era la más corta para llegar a tierra firme. Ordenó se reuniese en una sala todo el tesoro, del cual se tomó el Quinto Real; éste fue cargado en unos caballos lastimados y Cortés tomó su parte, cargada por tamemes tlaxcaltecas. El resto lo repartió a los soldados, muchos de los cuales se cargaron en demasía, ese peso fue después su perdición.

La columna cruzó fácilmente las cuatro primeras

Sobre las ruinas de la Gran Tenochtitlan
Hernán Cortés edifica la ciudad de México,
capital del Virreinato de la Nueva España.

cortaduras. De pronto el huéhuetl, es decir, el tambor de guerra empezó su lúgubre redoble y la laguna se llenó de canoas con miles de guerreros que acometían en medio de una gritería espantosa. El puente portátil se rompió porque todos querían pasar a un tiempo, y la retaguardia, cortada, tuvo que replegarse al cuartel, en donde después cayó prisionera y todos sus componentes fueron sacrificados el día que recibió el bastón de mando el tlacatecuhtli Cuitláhuac. Velázquez de León murió en el combate y Alvarado quedó muy mal herido, logró salvarse pasando por una viga. Las cortaduras estaban llenas de cadáveres, que sirvieron de puentes y así, en una desesperada fuga, los soldados españoles llegaron a Popotla, en donde Cortés encontró a Alvarado. Este le informó que la retaguardia estaba perdida y Velázquez de León, muerto. De aquí se creó la leyenda de que Cortés lloró al pie de un ahuehuete.

Cortés continuó la huida hasta un montículo con un adoratorio, que hoy es la ermita de los Remedios, de donde se organizó la retirada hacia Tlaxcala. Habían muerto o quedado prisioneros unos seiscientos u ochocientos españoles y casi todos los aliados. Los quinientos soldados de Cortés, más algunos tlaxcaltecas que les servían de guías, de pronto encontraron en las llanuras de Otumba a un numeroso ejército enemigo que les cerraba el paso. El capitán español ordenó atacar a los jefes, que se distinguían por sus insignias y personalmente derribó al "cihualcoatl". Juan de Salamanca lo mató y tomando el estandarte enemigo, lo puso en manos del capitán. Cuando lo vieron los guerreros, se fueron retirando y dejaron el paso a los fugitivos que, finalmente, llegaron a Tlaxcala, en donde fueron recibidos con la más cordial benevolencia, a pesar de que Cuitláhuac les hizo muchas proposiciones de alianza. Xicoténcatl el joven, partidario de unirse a los mexicas, fue expulsado del gobierno tlaxcalteca mientras que pasaban los días y los soldados españoles curaban de sus heridas, apréstandose de nuevo para tomar las armas. Tlaxcala y otros pueblos aliados dieron a Cortés un nuevo y numeroso contingente muy efectivo. Conducidos por los españoles, cambiaron la idea religiosa de hacer prisioneros para sacrificar, por la de poner fuera de combate a la mayor cantidad de enemigos que fuese posible. Cortés, entonces, planeó una campaña para rodear a Tenochtitlan. La primera ciudad capturada fue Tepeaca, la cual iba a servir de base de partida, y por otra parte, se reestructuró, con el fin de darle un carácter castellano, bautizándola con el nombre de Segura de la Frontera. Por primera vez, a todos los enemigos que cayeron prisioneros se les hizo esclavos y se les quemó el carrillo izquierdo con la letra G, de guerra.

Por otro lado, Velázquez, creyendo que en las tierras de Culúa la situación estaba en poder de Narváez, enviaba refuerzos en hombres, armas y caballos, los cuales llegaban a la Villa Rica y pasaban a engrosar el contingente de Cortés. Otro aliado poderoso de los españoles fue la epidemia de viruela, traída por un negro de Narváez. Este mal causó grandes estragos en los indígenas; una de sus víctimas fue el emperador Cuitláhuac, quien al morir fue sustituido por el joven príncipe Cuauhtémoc.

Para poder hacer la guerra en una ciudad lacustre, como la capital azteca, era necesario contar con embarcaciones; por esto, Cortés encargó al maestro Martín López cortar madera para hacer trece bergantines. Este trabajo se llevó a cabo en Tlaxcala, mientras se intentó un golpe de mano contra Texcoco para capturar al cacique Coanacoch, quien logró escapar a México. En Texcoco se armaron y botaron los bergantines transportados por tamemes, desde Tlaxcala. Miles de trabajadores excavaron un canal para que los barcos llegasen al gran lago mexicano.

Después de apoderarse de todos los pueblos de los alrededores y cerrar el circuito en torno a Tenochtitlan, prácticamente el sitio a la ciudad empezó el 26 de mayo de 1521, cuando los castellanos cortaron el acueducto de Chapultepec, que llevaba el agua potable a sus habitantes. A partir de ese día, los combates se sucedieron a diario, pues el sitio de la capital mexicana se convirtió en una terrible lucha prolongada, llena de padecimientos, riesgos y actos heroicos. Después de una tensión espantosa de noventa días, el 13 de agosto, fiesta de San Hipólito, el capitán García Holguín, jefe de uno de los bergantines, apresó a Cuauhtémoc y a su familia. Cortés estaba en Tlaltelolco cuando le informaron de la captura del señor azteca. Mandó que se acondicionara un lugar para recibir al prisionero. "*Llegóse a mí* —dice Cortés— *y díjome que ya él había hecho todo lo que de su parte estaba obligado para defenderse a sí y a los suyos; que ahora hiciese de él lo que yo quisiese. Y puso la mano en un puñal que yo tenía, diciéndome que le diese muerte*". * Con este desplante heroico terminó la guerra; la Nueva España edificó su capital

* Hernán Cortés.—3a. Carta de Relación.

en la misma gran ciudad azteca. Los cadáveres en descomposición eran tantos y el hedor tan terrible, que hubo necesidad de retirarse a Coyoacán. El oro que se juntó fue fundido para sacar los quintos del rey y de Cortés, el resto se repartió entre los soldados, pero éstos, disgustados por lo poco que les tocó, pidieron al tesorero Julián de Alderete que se atormentara a Cuauhtémoc y a otros nobles para que dijesen dónde tenían más oro. Cortés se mostró indiferente ante esta drástica medida, aunque luego intervino para suspender el inútil tormento dado a los prisioneros.

A Coyoacán llegaron muchos señores indígenas a someterse, entre ellos el monarca de los purépechas. Entre tanto, Velázquez informado ya de todo, obtuvo la orden para quitarle el gobierno a Cortés, aprehenderlo y enviarlo preso a la Corte; pero como la disposición venía de autoridades menores, no tuvo efecto. Las gestiones de los amigos y procuradores de Cortés dieron como resultado que el Emperador firmara en Valladolid el nombramiento en su favor de Gobernador y Capitán General de la Nueva España.

Apenas consumada la conquista de Tenochtitlan, Cortés emprendió la exploración de territorios remotos: Jalisco, Colima y Oaxaca. Alvarado fue enviado a la conquista de Guatemala y Cristóbal de Olid a la de Las Hibueras (Honduras). Este último, convencido por Diego Velázquez, se levantó en contra de Cortés. Don Hernán primero mandó a Francisco de las Casas para que lo sometiera, pero como pasaba el tiempo y no se tenía ninguna noticia, Cortés resolvió ir personalmente en busca del rebelde Olid. Salió de México con un gran séquito, en el que iban Cuauhtémoc y otros nobles aztecas. Después de una terrible marcha, llena de peripecias, llegaron a Izancanac, Tabasco, en donde Cortés mandó ahorcar a Cuauhtémoc acusándolo de rebelión para acabar con los españoles en la selva y regresar a recobrar su reino. Cortés fue severamente criticado por este acto, inclusive en los cargos jurídicos en su contra se le acusó del asesinato a Cuauhtémoc. Después de algunos días, llegaron a la costa los exploradores y encontraron un bergantín anclado. Sus tripulantes les dijeron que en las Hibueras, Cristóbal de Olid había sido muerto por Francisco de las Casas y que en la ciudad de México había graves trastornos por las ambiciones y rivalidades de las personas a las que el capitán confió el cuidado de la capital.

En ese viaje Cortés intentó explorar un estrecho en Nicaragua, con el fin de buscar un paso al Mar del Sur, pero no tuvo tiempo para ello. Pasó a La Habana (ya había muerto Diego Velázquez), y de allí a Veracruz y a la ciudad de México, en donde fue recibido con fiestas, sin embargo, las acusaciones en su contra hicieron que se nombrara Gobernador a Alonso de Estrada, quien le prohibió entrar a México. Cortés se trasladó a España, en donde fue recibido por Carlos V con honores; el monarca le dio el título de Marqués del Valle de Oaxaca, y el de Capitán General, pero no le devolvió el gobierno político de la Nueva España, porque ya había sido nombrada la Primera Audiencia Gobernadora, presidida por Nuño de Guzmán. Cortés recibió el Patronato del Hospital de Jesús, que él construyó y sostuvo. Contrajo matrimonio con la condesa de Aguilar, doña Juana Zúñiga (porque la "Marcaida" había muerto en México misteriosamente). Nuño de Guzmán le siguió juicio, por una serie de acusaciones; sin embargo, el proceso no prosperó y pudo regresar a México, estableciéndose en Cuernavaca para dedicarse a la plantación de caña y a la fabricación de azúcar.

Como adelantado de la Mar del Sur, cuyo nombramiento trajo de España, Cortés organizó exploraciones en el gran litoral novohispano del Océano Pacífico, fracasando todas ellas, aunque la última que él dirigió personalmente, dio como resultado el descubrimiento y exploración del golfo que lleva su nombre. En 1540, tuvo graves dificultades con el virrey Mendoza, también a causa de las empresas de conquista al norte de Sonora, las cuales le fueron impedidas, por lo que regresó a España para quejarse ante Carlos V, pero ya no fue atendido, aunque acompañó al Emperador a la guerra de Argel (1541). En Sevilla tuvo otro grave disgusto al frustrarse el matrimonio de su hija María con el Marqués de Astorga. Decepcionado y enfermo, allí mismo en Sevilla hizo testamento el 12 de octubre de 1547, retirándose después a Castilleja de la Cuesta, en donde murió casi olvidado, el día 2 de diciembre del mismo año, a los 63 años de edad. Fue sepultado en la Capilla de los duques de Medina Sidonia, de la iglesia de San Isidro, en Sevilla, pero por propia disposición, fueron trasladados a la iglesia de San Francisco de Texcoco. Años después, por órdenes del virrey Revillagigedo, los restos pasaron a un sepulcro que se construyó en la iglesia del Hospital de Jesús; pero en 1823, ante el temor de que el lugar fuera profanado, la urna funeraria se ocultó en secreto en un muro del mismo templo, hasta que fueron hallados en 1946. Allí permanecen hasta la fecha.

ANTONIO
DE MENDOZA
(Primer virrey de
Nueva España)

"*Era el conde de Tendilla alto como algo más de dos varas de Castilla (arriba del 1.70 m.), aunque algo caído de espaldas; bien arreglado en el vestir sencillo, porque no usaba ningún adorno en el color negro de telas fuertes; tenía mirada fija aunque como triste y caminaba lento. Cuando llegó a Nueva España tendría unos cuarenta y cinco años de su edad. Era forzudo y de buena salud. La cara la tenía de color blanco pero no claro, y chapeteada, y labios delgados y rígidos. La nariz medio larga y recta.*" Este retrato de don Antonio de Mendoza, primer virrey de Nueva España, lo dejó un contemporáneo, que lo vio aquí en México.

Para sustituir al gobierno personal de Hernán Cortés y vigilar los intereses de la Corona española, se nombraron a tres personas con los cargos de tesorero, veedor y contador, pero llegaron a México con tan amplios poderes que, abusando de ellos, pusieron en grave desorden a la capitanía. Entonces, el Real Consejo de Indias mandó a la Primera Audiencia Gobernadora, presidida por el licenciado Nuño Beltrán de Guzmán y cuatro oidores, que tenían ese título para, como lo dice su nombre: "Oir quejas y representaciones y enmendar hacia el buen gobierno"; sin embargo, la verdad fue otra: implantaron la persecución y violencia contra españoles e indios; chocaron con los eclesiásticos, principalmente con el obispo Zumárraga; fueron tantas las quejas en su contra que se pensó y resolvió establecer en la Nueva España un virreinato, a cargo de un representante personal del Rey, que gobernara para los intereses de los pobladores, cuidando, a la vez, los de la Corona. Tendría el virrey los cometidos principales de la conversión de indios, de defender y aumentar las conquistas y de cuidar los bienes de la Real Hacienda. Mientras tanto, y con el fin de detener los atropellos de la Primera Audiencia, se nombró una Segunda Audiencia, cuya actuación fue magnífica y tuvo gobernantes como don Sebastián Ramírez de Fuenleal y el licenciado Vasco de Quiroga. Resultó pues, muy benéfica para el progreso del país, pero transitoria, hasta la instauración del virreinato.

El primer virrey de la Nueva España fue don Antonio de Mendoza, Comendador de Socuellanos, de la Orden de los Caballeros de Santiago y Camarero Mayor del Emperador. Era nieto del famoso poeta Marqués de Santillana e hijo del conde de Tendilla. El Emperador firmó el nombramiento de Mendoza en Barcelona, el 17 de abril de 1535, y también en su favor, el de Presidente de la Audiencia de México, otorgándole en ambos documentos amplias facultades para el ejercicio del gobierno, estipulando que los oidores, capitán general, justicias y regidores, caballeros y escuderos le obedecerían. Y aunque Hernán Cortés tenía el nombramiento de Capitán General, el monarca español autorizó a Mendoza para que se encargara de llevar a cabo empresas que le correspondían al dicho Capitán General, que no tenía voto en las cosas de Justicia, pero debía ser informado en todo lo relativo a la gobernación de la Nueva España, teniendo como consejeros a los oidores, pero sin obligación de aceptar sus resoluciones.

Se le encargó a Mendoza el recuento de los vasallos del Marquesado del Valle de Oaxaca; ver por la propagación de la fe católica; visitar o hacer visitar los poblados de indios y españoles; vigilar los tributos y el pago de las alcabalas; que los indios que no pudieran pagar el tributo, lo hicieran con mesurado servicio personal en las minas; que mandara buscar tesoros escondidos en los antiguos adoratorios indígenas; que solicitara negros esclavos para trabajar en las minas a cuenta del rey; que viese si la extensión de los obispados era suficiente o había necesidad de agrandarlos, y si los conventos, hechos o por hacer, eran en número apropiado para la instrucción de los naturales.

Se le encargó a Mendoza también la construcción de fortificaciones y obras de defensa, así como la fabricación de artillería, armamento y municiones para la seguridad de la Nueva España. En lo relacionado a la justicia, este virrey vigiló que no se concediera el asilo en conventos o iglesias a delincuentes de rebelión, aunque vistieran el hábito, y que no se construyeran conventos o iglesias sin consentimiento del virrey.

Al llegar a México, el conde de Tendilla, fue recibido con gran solemnidad, como persona de alta categoría y con títulos de autoridad, pero sin el aparato fastuoso y costoso con los que posteriormente se hicieron las recepciones de los virreyes, al grado que la Corona ordenó reglamentar el ceremonial para evitar los enormes dispendios que españoles y criollos hacían con motivo de esas festividades.

Al llegar a Veracruz, don Antonio de Mendoza hizo un reconocimiento de la bahía y de la isla de San Juan de Ulúa, con el fin de determinar dónde se podía construir una fortaleza. Como vio que era de urgente necesidad asegurar a los barcos que entrasen al puerto, encargó al piloto vizcaíno Sancho de Piniga que

*El virrey Don Antonio de Mendoza funda
en la ciudad de México la primera imprenta
que existió en el Continente Americano.*

comprara en España anclas y cables grandes, dándole de adelanto algún dinero, del que quiso disponer Piniga, pero sin resultado, pues Mendoza lo hizo aprehender y castigar.

Como ya se mencionó el primer asunto que ocupó al flamante virrey fue el recuento de vasallos del Marqués del Valle de Oaxaca; para ello comisionó a don Vasco de Quiroga, pero este probo hombre no pudo llevar a cabo su comisión porque el Emperador lo designó Obispo de Michoacán.

Por esos días llegaron a México Alvar Núñez Cabeza de Vaca y sus compañeros, quienes venían de un largo y maravilloso viaje. Se habían alistado en una expedición encabezada por Pánfilo de Narváez, comisionado por el gobernador Diego Velázquez para aprehender a Cortés, que al fin de tanto negociar, había conseguido autorización para explorar y poblar el territorio desde el río de las Palmas (Soto la Marina) hasta lo que se creía que era una isla, La Florida. Salieron los expedicionarios de San Lúcar de Barrameda el 17 de junio de 1527, con cinco navíos y 600 hombres, yendo como tesorero y alguacil mayor Alvar Núñez Cabeza de Vaca, pero al llegar a La Española desertaron 150 hombres, y cuando la flota arribaba a Cuba, una tempestad hizo naufragar a dos navíos, en uno de los cuales iba el tesorero y alguacil mayor. Sólo algunos hombres se salvaron y entre ellos, Cabeza de Vaca, los cuales llegaron por fin a La Florida en abril de 1528 pero como encontraron dificultades con los hostiles indígenas, empezaron a padecer hambre. Por ello, Narváez resolvió abandonar los navíos y continuar la navegación en cinco grandes chalupas para buscar comida en las aldeas indígenas de la costa; sin embargo, los temporales los fueron separando y Narváez perdió la energía, diciéndole a Cabeza de Vaca *"que había llegado el momento en que cada quien cuidara de sí mismo."* * La chalupa en que iba el tesorero zozobró, muriendo todos, menos él y un maestre, que recibieron algún alimento de los indígenas, y se pusieron luego en marcha, encontrando en el camino a otros dos marineros y a un negro, esclavo de Nerváez, llamado Estebanico. Estos cuatro hombres que habían escapado de la muerte, caminaron sin rumbo ni esperanza, al azar, en busca de cristianos, atravesaron el continente americano, desde las costas del Atlántico, en La Florida, hasta las del Pacífico, por Sonora y Sinaloa. Ochenta leguas antes de llegar al río Petatlán comenzaron a tener noticias de que había cristianos, lo cual les causó gran regocijo, encontraron al capitán Diego de Alcaraz, acompañante de Nuño de Guzmán, quien los trató sin ningún miramiento. Los soldados que iban con el capitán Alcaraz, quisieron aprehender a los indios que habían acompañado a Cabeza de Vaca y sus amigos para hacerlos esclavos, pero dichos indios huyeron, llevándose todo cuanto habían reunido de valor y de curiosidad en el viaje.

Nuño de Guzmán aprisionó a los exploradores y los mandó, amarrados, a Culiacán, a donde llegaron a mediados de mayo de 1536. Los metieron a una cárcel y luego los mandaron a Compostela, en donde estaba la sede del gobierno brutal de Guzmán, quien a los quince días los mandó a México; allí fueron puestos en libertad y propalaron sus aventuras en forma

---

* Naufragios y Comentarios.—Alvar Núñez Cabeza de Vaca.

tan maravillosa y fantástica que llenaron de asombro a todos los españoles residentes. Hablaban de una inmensa extensión de territorio que seguramente tenía ricas minas de oro y de plata y piedras preciosas; de la fertilidad del suelo, la abundancia de caza, de los habitantes y sus costumbres. Todo movía la curiosidad y la ambición. El virrey Mendoza, a pesar de ser muy prudente, se propuso llevar a cabo la exploración de aquellas dilatadas regiones; compró para su servicio al negro Estebanico y envió a Andrés Dorantes a explorar de nuevo, pero regresaron pronto. Entonces, el virrey comisionó a Fray Marcos de Niza, que estaba en la Nueva Galicia, para hacer aquellos descubrimientos, llevó con él al negro Estebanico, a un fraile llamado Honorato y a un grupo de indios aliados. Fray Marcos de Niza regresó y ratificó la noticia de que ya había dado Cabeza de Vaca, acerca de la existencia de dos fabulosas ciudades llamadas Cíbola y Quivira, cuyas casas tenían paredes de plata y techos de oro. Estas relaciones movieron la ambición de Cortés, y provocaron graves desavenencias entre el capitán y el virrey Mendoza.

Por esos días llegó la orden real de que los depósitos o atarazanas, en donde se encontraban carenados los bergantines con que se había ayudado a sitiar Tenochtitlan, se trasladasen de San Lázaro a la calzada de Tacuba; pero esto resultó imposible pues el lago había bajado de nivel. Entonces el virrey Mendoza escribió proponiendo la conveniencia de recoger al Marqués (Cortés) nueve mil pesos de oro que se le habían dado como parte del pago por el palacio que ocupaba el gobierno en México, y con ese dinero y otro que se reuniese, se construyera un fuerte en la calzada de Tacuba, con aposento para el virrey y los oidores, una casa de acuñar moneda y depósito de armas. Esta proposición de Mendoza, por cierto no aprobada, aumentó el disgusto de Cortés.

El virrey Mendoza fue el primero que ordenó arreglar el bosque de Chapultepec y asegurar el venero de agua potable, ya que era el surtidor de ese líquido a la ciudad, pidiendo al rey ordenase no se le concediera a ninguna persona "como alcaldía o de otra manera", sino que fuese controlado por las autoridades virreinales. Mendoza también creó una especie de *"Orden de Caballería"* entre los principales indígenas, con el fin de tenerlos contentos y asegurarlos como firmes partidarios al gobierno. Después de confesarse y oir misa, los designados tecuhtli, daban juramento de fidelidad al Emperador y recibían el nombramiento por escrito, que los autorizaba a usar como distintivo de nobleza, las dos columnitas del *Plus Ultra*, divisa de Carlos V.

Mendoza formuló ordenanzas para el buen trato a los indios, principalmente a los trabajadores de las minas. Reguló el corte de leña y quema de carbón para evitar la tala perjudicial de los bosques. Dictó disposiciones para evitar fraudes y pleitos sobre el *"pueble"* de zonas mineras y reguló en forma suficiente el cobro del tributo por parte de los *"corregidores"*, a quienes hostilizó por considerarlos negativos, pidiendo a la Corona que sólo hubiesen en la Nueva España Alcaldías Mayores. Con energía, Mendoza impidió que se herrasen esclavos, y por este motivo tuvo disgustos muy fuertes con los conquistadores de la Nueva Galicia, gentes muy duras, tan parciales como Nuño de Guzmán.

La Segunda Audiencia había enviado al Emperador una solicitud para que se crease en Nueva España un colegio superior para jóvenes indígenas que mostraran grandes aptitudes para los estudios. El primer virrey se ocupó mucho en insistir sobre esa solicitud, logrando al fin la orden para fundar el Imperial Colegio de Santa Cruz de Santiago Tlatelolco, bajo la dirección de frailes franciscanos. De este plantel, en algunos años más, salieron brillantes alumnos, que despertaron la envidia y el recelo de los españoles.

Para evitar los asaltos en el mar, por parte de piratas y corsarios, Mendoza propuso al Emperador se reunieran en La Habana todos los efectos que comerciantes y mineros querían mandar a España, y de La Habana se formara un convoy escoltado por barcos de guerra, haciendo así muy difícil el asalto de los bandidos del mar.

Desde el tiempo de la Primera Audiencia, un vecino de México, llamado Francisco de Santa Cruz, encargó una onza de guzanos de seda, de los cuales regaló una parte al oidor Diego Delgadillo, quien puso cría en una de sus huertas, donde plantó moreras (de allí el nombre de dicha huerta, actualmente la hacienda de los Morales, cerca de Chapultepec) y surgió una poderosa industria de la seda, gracias a la protección del virrey con los empresarios, que enseñaron a los indígenas el cuidado de los gusanos y la labor de la seda, principalmente por el rumbo de Huejotzingo.

Mendoza intentó en vano, como una de las medidas militares, intensificar la cría del ganado caballar, porque los comerciantes se interesaban principalmente por el ganado mular para la carga y el camino, e inclusive hasta en la ciudad de México, muchos hidalgos empleaban mulas de silla.

A finales del año de 1537, una noticia grave causó gran alarma al virrey y a los españoles residentes; se trataba de una pretendida conjuración de negros. El deseo de explotar las minas más intensamente y de aumentar el cultivo de la caña y la fabricación de azúcar, hizo que los españoles compraran muchos negros esclavos para dichos trabajos en sus propiedades en México; además de esto contaba la enorme cantidad de negros que fueron llevados a las posesiones españolas y portuguesas en el continente americano, como posteriormente lo hicieron en mayor número los habitantes de las trece colonias inglesas. Así, el número de negros en Nueva España era ya crecido cuando llegó a hacerse cargo del gobierno el virrey Mendoza. En México, los negros se dieron cuenta de que ya eran muchos y que podían sublevarse, aprovechando, además, que contaban con el auxilio de los indios y las fuerzas militares eran insuficientes. Por eso, prepararon secretamente una sublevación, con el fin de apoderarse del reino y crear una original monarquía; sin embargo, el 27 de septiembre de 1537, un negro de servicio cometió la indiscreción de decir algo y toda la conjura fue descubierta. Los patrones dueños del negro, informaron al virrey, quien no era afecto al empleo de negros y los veía con desconfianza; interrogó personalmente al negro e hizo inmediatamente detener a los que figuraban como cabezas de la rebelión, quienes acabaron por confesar todo.

Resulta extraño que un hombre inteligente, ordenado y juicioso como era don Antonio de Mendoza, se hubiese dejado llevar por sentimientos crueles más que de energía y de justicia. Los negros que figuraban como jefes de la rebelión, fueron ahorcados y descuartizados en México, y otros muchos fueron enviados a pueblos de minas para que sufrieran la misma pena y sirvieran de escarmiento a los otros esclavos. Mendoza escribió al rey, con fecha 10 de diciembre de 1537, e informaba del suceso y de las medidas tomadas, diciendo que habían sido ejecutados dos docenas de negros, pero seguramente fueron más. En la misma carta, Mendoza pedía al monarca que no consintiese más los envíos de negros a Nueva España, petición que fue cumplimentada algún tiempo, pues después la Corona continuó dando concesiones para la entrada de esclavos negros a México.

Otro problema que se le planteó al virrey Mendoza fue el de la carencia de moneda. Cuando los españoles se establecieron en México, comenzó, tanto entre ellos como entre los indios, las grandes y pequeñas transacciones mercantiles que forman la vida comercial de todo pueblo. Los españoles pretendieron imponer el sistema monetario de su país, pero como no había moneda acuñada, se trató de suplirla con barras, tejos y polvo de plata y oro puesto en unos canutos, como se hacía en tiempos anteriores. Después de una serie de discusiones, informes y peticiones, la Corona autorizó al virrey para fundar en México una casa de Moneda para acuñar plata y vellón (mezcla de plata y cobre), pero no oro. La casa de moneda estuvo a un lado del Cabildo, Mendoza nombró ensayadores y grabadores. Para ayudar al pequeño comercio, Mendoza ordenó que se labrasen doce mil piezas de vellón, pero los indígenas no le tenían aprecio al cobre;

Fundación de la ciudad de La Nueva Valladolid, hoy Morelia, por el virrey Don Antonio de Mendoza.

la moneda de vellón les pareció despreciable, de manera que cuando llegaba a sus manos, la arrojaban a la laguna. Cuando el virrey supo esto, mandó acuñar pequeñas monedas de plata, a las que el pueblo llamó "cuartillas", por cuyo tamaño fácilmente se extraviaban. Se volvió otra vez a usar como moneda fraccionaria el grano de cacao, cuyo empleo perduró hasta principios del siglo XIX.

Después de muchas acusaciones y diligencias, el virrey Mendoza obtuvo que el verdaderamente criminal Beltrán Nuño de Guzmán fuese suspendido de su cargo de Gobernador de la Nueva Galicia, detenido y enviado preso a España, quedando en su lugar transitoriamente, Cristóbal de Oñate, pues el virrey obtuvo luego que lo sucediese el capitán Francisco Vázquez de Coronado, quien de inmediato se ocupó de llevar a cabo la expedición a Cíbola y Quivira; pero una vez que salió ésta, los pueblos de la Nueva Galicia se sublevaron. Oñate se apresuró a pedir ayuda al virrey porque estaban en guerra las tribus de la sierra de Tepic, de Tlaltenango, de Juchipila, de Nochistlán y de Teocaltiche, que rechazaron al capitán Ibarra de un lugar llamado Mixtón, en donde habían ya levantado una gruesa fortificación. Por esos días, llegó a Guadalajara la noticia que el adelantado don Pedro de Alvarado había llegado a Manzanillo con muchas tropas y barcos para explorar la mar del Sur. Desde Guadalajara, Pedro de Híjar escribió a Alvarado, comunicándole la desesperada situación de los españoles en Nueva Galicia. En Manzanillo, Alvarado había llegado a un arreglo de límites y demarcaciones con el virrey Mendoza. Con sus soldados, Alvarado llegó a Guadalajara y dispuso que ningún otro jefe lo acompañase; se puso en marcha con sus propios soldados e indios voluntarios y llegó a Nochistlán, en donde empezó a combatir día y noche. En una de las acciones, el caballo del escribano Baltasar Montoya resbaló y cayó a un barranco, arrastrando en su caída a Alvarado, quien fue recogido gravemente herido y llevado a Guadalajara, en donde murió el 4 de julio de 1541.

Con la muerte del Tonatiuh Alvarado, la rebelión tomó nuevo impulso, a tal grado que los españoles tuvieron que mudar la población de Guadalajara al lugar que hoy ocupa. El virrey Mendoza decidió resolver el problema militar en la Nueva Galicia, poniéndose al frente de 600 españoles y 5,000 guerreros indígenas aliados. La marcha no tuvo problemas, pero llegando a Tototlán, los sublevados hacían la guerra todos los días hasta irse retrayendo a un cerro fortificado, llamado Mixtón. La lucha fue desesperada y terrible; Mendoza recurrió a medidas bárbaras para acabar con la rebelión ahorcando a todo jefe rebelde que caía prisionero, o cercenándoles una mano, o "aperreando" a otros, es decir soltando los perros mastines para que los destrozaran. Terminada la pacificación, Mendoza volvió a México; en el trayecto fundó la ciudad de Valladolid, hoy Morelia, el 23 de abril de 1541.

Como en el Perú la guerra civil entre los partidarios de Almagro y los de Pizarro cobró un carácter muy grave, Mendoza alistó una expedición para sofocarla, pero cuando estaba presta para zarpar, llegaron noticias de que los rebeldes habían sido muertos. Cuando supo el Emperador la voluntad que pusieron todos los vecinos de México para alistarse en la expedición y aportar dinero para los gastos, dispuso que se le diese a la ciudad de México el título de "muy noble, insigne y leal".

El triunfo contra las fuerzas rebeldes en el Perú no fue bastante para extinguir la discordia. Las cosas seguían allí revueltas, dado el acierto y prudencia con que había gobernado la Nueva España don Antonio de Mendoza, el Emperador lo nombró virrey de aquellas tierras, nombrando, para sustituirle en México, a don Luis de Velasco, condestable de Castilla.

El gobierno de Mendoza en la Nueva España fue magnífico. Reguló la administración pública, y con ello se fueron formando las costumbres nacionales; hizo respetar los mandatos superiores y el apego a la ley. Cuidó mucho de abrir y conservar caminos, construir puentes y alcantarillas, empedrar las calles de la ciudad de México; creó congregaciones de indios, que con sus familias vivían errantes; cuidó de la seguridad pública y protegió todos los ramos de la riqueza del país; intensificó el tránsito de bestias de carga y de vehículos de transporte, haciendo que pasase a segundo término el indígena de carga; abrió los caminos de México a Acapulco, a Oaxaca, a Michoacán, Colima y Jalisco y reparó cuidadosamente el de Veracruz. Reglamentó las atribuciones de las Alcaldías y de los Corregimientos, principalmente para recoger los tributos; publicó ordenanzas para el buen trato a los indios, para los litigios sobre denuncias, pueble y explotación de minas; prohibió los juegos de azar; fijó aranceles para avalúos de fincas y para la carga y descarga de los navíos en los puertos; ordenó que los alcaldes de los pueblos indígenas fueran elegidos por ellos mismos. Además de la propagación de la industria de la seda, Mendoza estableció la de tejidos de lana, y para favorecerla, introdujo el ganado merino; protegió la enseñanza de las artesanías, la instrucción pública y ayudó para el establecimiento de la imprenta. Hernán Cortés fue su enemigo, se quejó al Emperador por muchos motivos en contra de Mendoza, pero ninguna acusación prosperó.

Llegó don Luis de Velasco a Veracruz, donde desembarcó y prosiguió viaje. En Cholula fue recibido por don Antonio de Mendoza y allí entregó el gobierno del virreinato, saliendo inmediatamente hacia el Perú, vía Acapulco. Poco después de su llegada, se enfermó y a los diez meses de su gobierno murió en Lima, el 21 de junio de 1552.

MIGUEL HIDALGO

El cura don Miguel Hidalgo nació en la hacienda de Corralejo, de la jurisdicción de Pénjamo, en el actual estado de Guanajuato, el día 8 de mayo de 1753. Fue hijo de don Cristóbal Hidalgo, administrador de la hacienda, y de doña Ana María Gallaga, quien murió cuando Miguel tenía 9 años. Don Cristóbal contrató un profesor que enseñó las primeras letras a sus dos hijos: José Joaquín y Miguel, a quienes después envió a estudiar a Valladolid, hoy Morelia, al colegio jesuita de San Francisco Javier, en donde adquirieron muy buena preparación y presentaron exámenes finales sobre un prolongado curso de Retórica. Con la expulsión de los jesuitas de España y de todas sus posesiones en 1767, los hermanos Hidalgo Gallaga interrumpieron sus estudios y regresaron a Corralejo.

A fines de 1767 los dos jóvenes Hidalgo fueron inscritos en el famoso Colegio de San Nicolás Obispo, también en Valladolid; ahí estudiaron hasta 1770, año en que estuvieron ya preparados para sustentar el examen de Bachilleres en Artes, por lo que hicieron el viaje a la capital del Virreinato para llevar a cabo tal evento en la Real y Pontificia Universidad de México.

Después de un brillante examen en el que respondieron a los argumentos y las réplicas de los examinadores, don Miguel Hidalgo y su hermano recibieron el título de Bachilleres. Regresaron al Colegio de San Nicolás a seguir estudios de Teología y Escolástica, pero cuando iba el joven Miguel a terminar el segundo curso, fue suspendido temporalmente porque infringió las reglas del plantel saliendo de éste sin permiso. Cumplida esa sanción, Hidalgo continuó los cursos con tal éxito que alcanzó a sus compañeros y a su hermano. Nuevamente fueron enviados los dos a la Universidad de México, en donde, después de un lucido examen, se recibieron de Bachilleres en Teología.

De regreso a Valladolid, el joven bachiller don Miguel tomó parte en una difícil oposición para cubrir una beca vacante, ganando el concurso contra muchos otros interesados. La beca en cuestión lo autorizaba a presidir academias y exámenes, a sustituir a maestros en sus faltas temporales, a ayudar al vicerrector en la vigilancia, a tener primacía para cubrir cátedras vacantes y a servir como consejero del Colegio.

Don Miguel Hidalgo, a pesar de tener mucho trabajo, se daba tiempo para dedicarse al estudio de idiomas, de filosofía, de ciencias y letras. Por ese tiempo, decidió hacerse clérigo, e inició los estudios canónicos, que cursó con facilidad, presentando el examen correspondiente en otomí, lengua indígena que llegó a dominar, por lo cual se le otorgaron órdenes menores. Un año después se le concedieron las órdenes mayores y el cargo de subdiácono. En 1778, después de una serie de exámenes y trámites, recibió el título de presbítero, cuando tenía 25 años.

Hidalgo siguió en San Nicolás como estudiante becario, impartiendo cátedra de Gramática latina, Teología y Artes; ganó un concurso convocado por el Rector del Colegio sobre el tema *"Disertación sobre el verdadero método para estudiar la Teología Escolástica"*, pero dicha disertación resultó ser un destacado alegato en contra de la Escolástica imperante, por lo que la exposición del padre Hidalgo hizo que el jefe del Cabildo Eclesiástico de Valladolid dispusiera enmiendas a fondo en el plan de estudios del Colegio de San Nicolás. A Hidalgo se le premió con una carta laudatoria y con una cátedra pagada de filosofía, que estaba vacante. Sin embargo, a partir de entonces apareció el verdadero espíritu libre del padre Hidalgo en sermones, conversaciones y en la misma cátedra, exponía con audacia y claridad opiniones muy avanzadas, al grado que las autoridades eclesiásticas tuvieran que llamarle la atención, pero no dejaban de reconocer que Hidalgo tenía una brillante inteligencia, una gran preparación y un espíritu independiente muy amplio. Por ello, después de ocupar escalonadamente puestos importantes en el Colegio, se le nombró Rector en enero de 1790, aumentando sus percepciones económicas; con sus ahorros y dinero recibidos de su familia pudo comprar el rancho de Xaripeo, en Irimbo, Michoacán.

La gestión de Hidalgo como Rector del Colegio de San Nicolás fue notable, ya que introdujo innovaciones de gran trascendencia, no sólo en lo docente sino en la disciplina de la vida interior del plantel, basada en el buen trato y en la liberalidad, la buena alimentación y la compra de muchos y variados libros para la biblioteca. Todo esto le valió el cariño y el respeto de maestros y alumnos.

Pero Hidalgo tenía enemigos, que eran influyentes en la Mitra y buscaban la manera de alejarlo de Valladolid y retirarlo de la Rectoría bajo la acusación de que su labor era nociva entre los jóvenes educandos. Por fin las intrigas dieron como resultado que Hidalgo fuese enviado como cura párroco a Colima, lo cual le obligó a renunciar interinamente a los car-

gos que desempeñaba; dejó las cuentas de la Tesorería del Colegio para que fueran revisadas por las
autoridades correspondientes y nombró como su representante para cualquier aclaración, a su discípulo
Antonio Ruiz de Tejada.

La estancia de Hidalgo en Valladolid había sido
aproximadamente de veinticinco años, así es que no
dejó de extrañar a esa ciudad y a su Colegio; por eso,
desde que llegó a Colima le escribía con frecuencia a
su amigo el obispo Antonio de San Miguel, pidiéndole su retorno a Valladolid. En Colima le ofrecieron en
venta una casa a muy buen precio y la compró para
vivir en ella, mas cuando a los ocho meses de desem-
peñar su cargo en ese lugar fue llamado por la Mitra,
regaló la casa al Ayuntamiento de la ciudad para que
en ella estableciera una escuela de primeras letras y
regresó a su querida ciudad escolar. Pero una vez allí
recibió la orden de marchar inmediatamente a hacerse cargo del curato de la villa de San Felipe de los
Herreros, Guanajuato, donde había un problema porque los frailes de la Orden de San Francisco se habían
estado negando a entregarlo, debido a que era una
buena fuente de ingresos. Hidalgo, con mucha habilidad, los convenció para que le dieran posesión del
curato; de inmediato alquiló una amplia casa e inició
su obra de progreso, distribuyendo su tiempo entre
la labor religiosa, la lectura y la enseñanza. Formó
una orquesta de aficionados para el servicio de la parroquia y el recreo del vecindario; enseñó nuevas técnicas en la alfarería y tradujo algunas obras del teatro francés, haciendo representar en su domicilio "El
Tartufo", de Moliere, que es una ingeniosa crítica
contra las costumbres de la aristocracia y del clero

francés del "*Antiguo Régimen*". Un comentarista dijo en cierta ocasión que la casa de Hidalgo era "*una Francia chiquita*", en la que se trataba con igualdad a todas las personas y se discutía de literatura, de ciencias, de artes e industrias, así como de los sucesos de Nueva España y de las nuevas doctrinas sociales y filosóficas que sacudían a Europa.

Entre todas sus ocupaciones, el cura Hidalgo se daba tiempo para visitar a sus amistades en Dolores, pueblo próximo, en el que su hermano don José Joaquín era el cura párroco y en Guanajuato, donde frecuentaba la casa del rico minero criollo el Marqués de Rayas, donde hizo amistad con el intendente don José Antonio Riaño, con el ilustre matemático y botánico don José Antonio Rojas y con otras personas importantes.

A fines de 1797 recibió la notificación de un adeudo en las cuentas de cuando había sido tesorero en el Colegio de San Nicolás; pero Hidalgo sólo reconocía, y así lo demostró, el faltante de un dinero que resultaba de haber puesto a rédito cierta cantidad, cosa que él no hizo. Sin embargo, con el producto de su propiedad agrícola de Xaripeo y la venta de unos novillos, empezó a cubrir tal adeudo.

En una Semana Santa Hidalgo fue invitado por su amigo el cura de Taximaroa (hoy ciudad Hidalgo, Michoacán), para que tomara parte en las festividades religiosas y sobre todo en la oratoria sagrada, en la que el ilustre ex-rector era verdaderamente notable. Pero en los almuerzos y en las charlas de sobremesa, Hidalgo externó ante un grupo de seglares, su manera de pensar y lo que debería hacerse en la relación de la Iglesia y el pueblo. Los seglares se escandalizaron al oir las opiniones de Hidalgo y lo acusaron de herejía ante el Tribunal de la Inquisición, que le abrió causa en Celaya para saber, entre otras cosas, que don Miguel censuraba al gobierno monárquico español y deseaba para América un movimiento libertario como el de la Revolución Francesa.

Hidalgo se apresuró a regresar a San Felipe, a donde le llegaron los documentos acusatorios, pero no fue relevado de la parroquia. Su prestigio como argumentador de temas teológicos aumentó; fue invitado para tomar parte en los sermones de bendición del Santuario de Guadalupe, en San Luis Potosí. Hubo corridas de toros, carreras de caballos y otras fiestas, en las que tuvo oportunidad de conocer y tratar al coronel don Félix María Calleja, comandante de las tropas de esa Intendencia, y al teniente don Ignacio de Allende.

Del proceso inquisitorial, Hidalgo bien pronto salió absuelto, por no haber pruebas en su contra y sí valiosas opiniones en su favor. En septiembre de 1803 murió su hermano José Joaquín, dejando vacante el curato de Dolores, al que fue trasladado el cura don Miguel, que inmediatamente después de haber tomado posesión y por instrucciones de la Mitra, marchó a Valladolid a recibir instrucciones, a visitar amigos y compañeros y a terminar de liquidar el adeudo pendiente con la Tesorería del Colegio de San Nicolás. En esa misma ocasión supo que su amigo Fray Vicente Villalpando se encontraba enfermo y en muy malas ccondiciones económicas, por lo cual, ante escribano público, dispuso que de su sueldo se le entregase una pensión vitalicia de doscientos pesos en oro anualmente. Es ésta una manifestación de generosidad y leal amistad del padre Hidalgo.

De regreso a Dolores, como no quiso ocupar la casa donde vivió y murió su hermano, Hidalgo la donó al Ayuntamiento, yéndose a vivir a la casa del Diezmo, que hoy es conocida como "*La casa del Padre Hidalgo*", en el centro de la ciudad. Esta casa era propiedad de la iglesia y se había adquirido con los "*diezmos*" que se recogían cada año. De los solares que pertenecían al curato, destinó uno grande para levantar amplios tejabanes, en los que estableció varias industrias: una alfarería, una carpintería, un telar, una herrería, una curtiduría y una talabartería. Cerca del río de La Laja y en muy buenos terrenos próximos al pueblo plantó moreras para la cría del gusano de seda, y también miles de sarmientos de vid, a fin de formar la industria vitivinícola. Hizo colocar colmenares en diferentes puntos de su feligresía, obtenía miel para el provecho de sus trabajadores y con la cera fabricaba velas para el servicio religioso. Todavía actualmente, las industrias establecidas por el padre Hidalgo, siguen en pie y trabajando con éxito. Guiado por la "*Enciclopedia*", Hidalgo se informaba cómo mejorar muchas labores y actividades lucrativas, por lo que en la noche su casa se convertía en una verdadera escuela de artes y oficios. Constantemente hablaba con sus trabajadores y artesanos para decirles que con la superación en la calidad de sus productos encontrarían una mejor forma de vida, para no estar sujetos nunca a los patrones.

El padre Hidalgo leía mucho. Su biblioteca era escogida. Leía constantemente y la información sobre diversos temas la completaba con el trato de personas cultas y preparadas, de gustos literarios e ideas progresistas. Su nombre fue cobrando fama y prestigio; era muy conocido en Valladolid, Lagos, San Felipe, San Luis Potosí, San Miguel y otros muchos lugares. Como Hidalgo se dio cuenta que sus actividades, inquietudes y constantes viajes le impedían atender debidamente los servicios religiosos, pidió a las autoridades eclesiásticas de Valladolid permitieran que el presbítero Francisco Cárdenas le ayudara en ese menester. Esa solicitud fue aceptada, con lo que Hidalgo pudo dedicarse más a sus trabajos intelectuales, agrícolas e industriales. Alquiló su rancho de Xaripeo por no poder atenderlo y porque, con el dinero que recibía de renta, podía comprar herramientas y útiles para sus talleres de Dolores.

La envidia, más que otra cosa, hizo que volviesen las acusaciones de herejía contra Hidalgo, se le acusaba de irrespetuoso con la monarquía y de simpatizante de las ideas de la revolución francesa. Pero las autoridades competentes, después de cortas averiguaciones, cerraban los casos y no molestaban al señor cura que en sus viajes a San Miguel y a Querétaro fue haciendo una firme amistad con el inquieto capitán don Ignacio Allende, con quien comentaba, entusiasmado, la posibilidad de buscar la independencia del país, ya que en la Nueva España empezaba a agitarse la sociedad como consecuencia de la conmoción producida en la metrópoli debido a la invasión de las tropas francesas y la rebelión del pueblo de Madrid el 2 de mayo de 1808, levantándose en armas toda España. Los Borbones españoles fueron exiliados; Napoleón quiso imponer a su hermano José como rey de España, pero el pueblo sublevado nombró Juntas de Gobierno autónomas, más ¿a qué Junta debía obedecer el virreinato de la Nueva España? En 1808, los licenciados Francisco Primo de Verdad, Juan Francisco de Azcárate y el padre peruano Fray Melchor de Talamantes, miembros del Ayuntamiento de México, declararon que ante la ausencia de los príncipes españoles prisioneros en Francia, en la Nueva España la soberanía debía ser ejercida por el pueblo, tesis que la Audiencia declaró herética y alborotadora. El virrey don José de Iturrigaray, acusado por la Audiencia de simpatizar con las ideas de los miembros del Ayuntamiento, fue derrocado por una violenta conjuración encabezada por el rico propietario español don Gabriel de Yermo, y sustituído por el anciano militar don Pedro Garibay, quien hacía todo lo que el partido español le ordenaba. Pero a los pocos meses llegaron las órdenes de España para que Garibay entregase el virreinato al arzobispo de México, don Francisco Javier Lizana, hombre de amplio criterio, quien tuvo conocimiento de una conjura de criollos en Valladolid, encabezada por el teniente don José Mariano Michelena. Aprehendidos los responsables, fueron remitidos a México, en donde personalmente Lizana los interrogó, y no encontrando bases serias para la acusación los puso en libertad, cosa que molestó mucho al partido español, el cual pidió a la Junta Central de España relevase a Lizana por ser muy consecuente con los criollos.

Mientras tanto Hidalgo estaba al corriente de todo lo que ocurría y lo comentaba con mucho entusiasmo, especialmente en sus visitas al capitán Allende, de quien nos dice don Lucas Alamán: *"Era don Ignacio Allende hijo de un honrado español del comercio de*

*San Miguel el Grande, en la misma provincia de Gua-
najuato. Quedó su casa en estado de quiebra a la
muerte de su padre, pero el dependiente y albacea
de éste, don Domingo Berrio, español también, habiendo manifestado a los acreedores francamente el
estado de la casa y ofrecídoles pagarles, por la confianza que les merecía le dejaron en el giro de ella
que siguió por algunos años, en los cuales no sólo
cubrió todas las deudas y mantuvo decorosamente
a la familia, sino que entregó a don Ignacio y a
sus hermanos don Domingo, que murió antes de
la revolución, y don José María, que no tomó parte
en ella, no un caudal cuantioso, pero sí bienes suficientes para subsistir honrosamente. Don Ignacio estuvo casado con una señora Fuentes, y era capitán
en el regimiento de caballería de milicias de la Reina,
cuya demarcación era San Miguel... Estuvo en el
cantón de San Luis a las órdenes de Calleja en tiempos del virrey Marquina, y concurrió al que se formó
por Iturrigaray en Jalapa, en el que se distinguió en
todos los ejercicios militares, mereciendo la aprobación de este virrey: tenía de 35 a 40 años, era de
hermosa presencia, muy diestro a caballo y en todas
las artes de torear y otras del campo, de cuyas resul-
tas tenía estropeado el brazo izquierdo; resuelto, pre-
cipitado, de valor, muy inclinado al juego y a las mujeres y a toda clase de disipaciones."*

Del señor cura Hidalgo nos hace el propio Alamán
el siguiente retrato: *"Era de mediana estatura, cargado de espaldas, de color moreno claro, ojos verdes
y vivos, la cabeza algo caída sobre el pecho, bastante
cano y calvo, como que pasaba ya de sesenta años,
pero vigoroso, aunque no activo ni pronto en sus mo-*

vimientos: de pocas palabras en el trato común, pero muy animado en la argumentación a estilo de colegio, cuando entraba en el calor de la discusión. Poco aliñado en su traje, no usaba otro que el que acostumbraban entonces los curas de pueblos pequeños. (Era este traje un capote de paño negro con un sombrero redondo y bastón grande, y un vestido de calzón corto, chupa y chaqueta de un género de lana que venía de China y se llamaba 'rompecoches')."

Del frecuente trato con Allende, que desde el cantón de Jalapa había hablado con muchos oficiales criollos sobre la idea de crear un gobierno manejado por hijos del país, la idea independentista fue acogida por Hidalgo. A partir de entonces inició sus actividades de conspirador y revolucionario.

En enero de 1810 Hidalgo fue a Guanajuato y se alojó en la casa de su amigo, el cura don Antonio Labarrieta, en donde hizo amistad con algunos señores, entre ellos el joven don José María Bustamante, quien le prestó el tomo de un diccionario de ciencias y artes en que estaba el artículo de artillería y fabricación de cañones. Lo llevó consigo al regresar a su curato y en sus talleres mandó fundir dos pequeños cañones para solemnizar las fiestas religiosas.

Con el nombre de Academias Literarias se llevaban a cabo en Querétaro unas reuniones a las que concurrían muchas personas, entre ellas el corregidor de la ciudad, don Miguel Domínguez y su esposa, doña Josefa Ortiz de Domínguez, todos criollos, compartían la idea de sublevarse, con el fin de quitarse el tutelaje de las Audiencias y otros gobiernos dirigidos por españoles. Las reuniones se hacían en la casa del cura don José María Sánchez, o en la del licenciado

*La Guerra de Independencia
es iniciada por Don Miguel Hidalgo
el día 16 de Septiembre de 1810.*

don Francisco Parra. Estaban presentes en dichas reuniones el licenciado Parra, su compañero y amigo Manuel Lazo y Altamirano, el capitán Allende y el de su mismo grado don Juan Aldama. Entre los conjurados figuraban el capitán don Joaquín Arias, del Regimiento de Infantería de Celaya y varios oficiales del mismo cuerpo; el capitán don Miguel Lanzagorta, del Regimiento de la Sierra Gorda; los comerciantes Epigmenio y Emeterio González y otras personas de menor importancia. No había prácticamente un jefe, por lo que los conjurados pensaron en la conveniencia de nombrar a un eclesiástico ilustrado y de prestigio para invitar gente y vencer los temores que el proyecto pudiese despertar por considerarse contra la religión. Se aprobó la idea; Allende propuso para el efecto a don Miguel Hidalgo, religioso bien preparado, de ideas progresistas, muy querido por la gente y amigo, tanto del Intendente de Guanajuato, don José Antonio Riaño, como del obispo nombrado de Michoacán, don Manuel Abad y Queipo. Allende quedó encargado de tratar el asunto, pero en un principio el cura se excusó diciendo que estaba de completo acuerdo con el ideario pero no se podría comprometer a llevarlo a buen fin por su falta de madurez política, que pondría en peligro el éxito de la empresa. Sin embargo, algún tiempo después, ante las instancias de Allende y la evidencia de que ya había mucha gente comprometida, Hidalgo aceptó la invitación, convirtiéndose desde entonces en el alma y la cabeza de la conjura.

Se acordó que la insurrección se iniciara el día 1o. de diciembre de 1810 en San Juan de los Lagos, aprovechando que con motivo de la feria anual, en ese lugar se reunía una gran multitud, sobre todo de rancheros acomodados. Sin embargo, la labor de las juntas revolucionarias no pudo permanecer secreta, pues espías del gobierno virreinal vigilaban a los conspiradores y seguían sus pasos, informando constantemente de sus actividades a los funcionarios de la capital. De San Miguel salió la primera denuncia el 9 de septiembre de 1810, acusándose especialmente a Allende y a Aldama. En Querétaro, otro de los conjurados, el capitán Arias, denunció a sus compañeros ante el sargento mayor de su Regimiento. En Guanajuato, el Tambor Mayor don Juan Garrido denunció a Hidalgo ante el Intendente Riaño, quien informó de inmediato al virrey diciendo que "había que poner mucha atención porque Hidalgo era hombre inteligente y el pueblo lo quería mucho". Pero la denuncia que realmente vino a precipitar los acontecimientos fue la del cura don Rafael Gil de León, quien el día 14 se presentó en casa del Corregidor don Miguel Domínguez, denunció la conspiración y obligó a éste a proceder en contra de sus mismos cómplices. Al mismo tiempo el comandante García Rebollo disponía el arresto de los capitanes Allende y Aldama.

Mientras esto ocurría, tres conjurados corrían a caballo a San Miguel para anunciar a Allende que la sublevación había sido descubierta. Ellos eran don Francisco Lojero, quien fue a Celaya para avisar a los comprometidos de esa ciudad; don Mariano Lozada, enviado al Marqués de Rayas a Guanajuato, y don Ignacio Pérez, enviado por doña Josefa Ortiz de Domínguez para avisar a Allende. Pérez encontró en San Miguel solamente al capitán Aldama; salieron juntos en rápida marcha a Dolores, en donde se hallaban reunidos Allende e Hidalgo desde el día 14. Al saber Hidalgo que la conspiración había sido descubierta, decidido exclamó: *"Caballeros, somos perdidos; aquí no hay más recurso que ir a coger gachupines"*. Eran las dos de la mañana del día 16 de septiembre. Hidalgo, con el mozo y dos amigos, hizo llamar a sus trabajadores, otros mozos y a algunos amigos, les distribuyó armas y marchó de inmediato a la cárcel, en donde puso en libertad a los detenidos, que serían unos veinte, y que estaban allí no por delitos graves sino por faltas administrativas. Marcharon después al cuartel, en donde se le unieron los soldados del destacamento. Después se hicieron presos los españoles que vivían en el pueblo y tan pronto como amaneció, Hidalgo hizo llamar a misa. Era domingo y día de mercado. Se reunió mucha gente para el servicio religioso. Hidalgo apareció en el atrio acompañado de sus amigos y con palabra encendida se dirigió a la multitud; explicó de lo que se trataba y todos lo vitorearon. El capitán Allende procedió a organizar en pelotones a la gente dispuesta, que en total serían unos ochocientos hombres, la mitad de ellos a caballo.

Los insurrectos salieron de Dolores al medio día rumbo a San Miguel, y después de una jornada de cinco leguas, llegaron al Santuario de Atotonilco, de cuya sacristía Hidalgo tomó un estandarte con la imagen de la Virgen de Guadalupe, que hizo llevar como bandera al frente de su gente, la cual a cada momento aumentaba en número. Hizo alto y lanzó un grito formidable: *"¡Viva Nuestra Señora de Guadalupe! ¡Viva Fernando VII! ¡Mueran los gachupines!"*.

Al caer la tarde llegó Hidalgo a San Miguel al frente de unos cinco mil hombres. En seguida fueron aprehendidos todos los españoles allí residentes, se incautaron sus caudales así como las rentas reales, y se incorporó a la insurrección el regimiento de caballería de milicias de la Reina. Se estuvo discutiendo para dónde seguir el camino. Alguien propuso marchar a México, pero Hidalgo resolvió ir a Guanajuato, saliendo el 18 de septiembre con rumbo a Celaya, plaza que ocuparon sin resistencia el día 21, siendo recibidos por el Ayuntamiento, el clero regular y las comunidades religiosas. En esa plaza el cura Hidalgo fue proclamado capitán general; Allende, teniente general y Aldama, mariscal, repartiéndose grados a todos los jefes de la insurrección. Desde Celaya, el cura Hidalgo escribió una larga carta al intendente Riaño, dándole cuenta que estaba al frente de un numeroso *"ejército"*, cuya voluntad era el establecimiento de un gobierno autónomo e independiente de España. Riaño contestó que lo esperaba con sus chusmas en Guanajuato. La gigantesca masa insurgente se encaminó a Salamanca, en donde Hidalgo por primera vez lanzó una proclama al país, explicando ampliamente la causa de la insurrección. Desde allí el jefe insurgente comisionó a varios lugartenientes para levantar tropas y combatir al gobierno virreinal. Se prosiguió la marcha y en la tarde del día 25 llegaron a Irapuato, donde fueron recibidos por el Ayuntamiento y los miembros criollos del clero. En Guanajuato, el intendente Riaño se dispuso a defender la ciudad. Cuando supo de la aproximación de los insurgentes, hizo tocar generala y estar pronto para el combate. El pueblo acudió entusiasmado, pero pronto empezó a mostrarse partidario de la insurrección, por lo que el Intendente, a fin de reanimar el espíritu, hizo publicar el día 21 un bando que abolió el pago de tributos. Esto produjo un resultado contrario pues demostró debilidad y temor. Viendo que en la masa del pueblo no se podía confiar, acordaron los españoles defenderse en la alhóndiga de Granaditas, enorme y macizo edificio construido por órdenes de Riaño, destinado a guardar granos para el pueblo en épocas de escasez, por lo que el 24 en la noche se trasladaron a ella la tropa y los vecinos armados, guardando allí todos los caudales que ascendían a tres millones de pesos. A media mañana del 28 de septiembre se presentaron como parlamentarios el coronel don Mariano Abasolo y el teniente coronel Ignacio Camargo a intimar rendición. Riaño la negó y en esos momentos desesperados, hasta entonces, mandó un correo al comandante de San Luis Potosí, general Félix María Calleja, pidiéndole que acudiera en su auxilio.

Ante la negativa de Riaño, los insurgentes avanzaron, comenzando luego el combate en las trincheras que rodeaban a la improvisada fortaleza. Pronto tuvieron que replegarse a la alhóndiga los defensores; caía allí tal lluvia de balas y piedras lanzadas con hondas, que no hubo quien pudiera permanecer en la azotea. Al subir por una escalera, Riaño fue alcanzado por una bala, muriendo en seguida, y con tal suceso se produjo un desorden tan grave que ya no hubo quien mandara ni quien obedeciera. La muchedumbre se arrojó sobre la puerta principal, pero fue rechazada y tuvo graves pérdidas. Entonces, un muchacho como de 18 años, apellidado Martínez y apodado el "Pípila", arrastrándose con una losa encima, llegó hasta la gran puerta y le prendió fuego. Libre ya la entrada, los sitiadores penetraron en la alhóndiga, arrollando a los defensores y pasando a cuchillo a los que allí se encontraban. En seguida se apoderaron de los caudales, el resto de la muchedumbre se dispersó por la ciudad, saqueando las casas y los comercios. Al saber lo que ocurría, Allende salió inmediatamente a restablecer el orden, e Hidalgo publicó una disposición en la cual se estipulaba la pena de muerte por robo. En Guanajuato se presentó ante Hidalgo el joven ingeniero potosino don Mariano Jiménez, quien iba a ser muy útil a la causa insurgente. El jefe de la revolución trató de reorganizar el gobierno nombrando Intendente a don José Francisco Gómez; restableció el Ayuntamiento; incorporó a sus huestes las Compañías del Príncipe; estableció una fundición de cañones y mandó acuñar moneda.

La conspiración insurgente tuvo tiempo de formarse y ramificarse cuando llegó a Veracruz el nuevo Virrey, don Francisco Javier Venegas, quien apenas tuvo tiempo de enterarse de la terrible situación en que se encontraba la Nueva España. Los realistas estaban llenos de temor y echaban mano de todos los elementos a su alcance. Venegas giró órdenes inmediatamente al general don Félix María Calleja, que estaba en San Luis Potosí, para que reuniera su brigada y marchara a perseguir a los insurrectos, mientras que en México formaba violentamente nuevas tropas y situaba en Querétaro con otros efectivos al coronel don Manuel de Flón, Conde de la Cadena. El obispo electo de Michoacán, publicó un edicto el 24 de septiembre excomulgando al señor Hidalgo y amenazando con igual pena a los que lo siguieran. El obispo Campillo, de Puebla, publicó otro edicto extendiendo la pena a los que escribiesen en favor de la independencia. Asimismo, los obispos de Oaxaca y de Guadalajara publicaron edictos "contra cuantos han admitido o admitieren, aprobado o aprobasen las acciones de esos protervos: Hidalgo, Allende y sus aliados".

El cura Hidalgo contestó a edictos y censuras en un manifiesto que decía: "Abrid los ojos, americanos: no os dejéis seducir de nuestros enemigos. ¿Creéis acaso que no puede ser verdaderamente católico el que no esté sujeto al déspota español?". Hidalgo salió de Guanajuato el día 10 de octubre hacia Valladolid, a donde llegó el día 17 sin que se le hiciera la menor resistencia, contando ya con una chusma de varios miles de hombres, a la cual se había incorporado el Regimiento de Caballería de Pátzcuaro y el de Infantería de Valladolid. Apenas se aproximó a la ciudad, cuando el gobernador de la Mitra, don Mariano Escandón, levantó la excomunión. El día 19 de octubre Hidalgo hizo publicar un decreto aboliendo la esclavitud en la provincia de Michoacán y el pago de tributo, impuesto que pesaba únicamente sobre la clase indígena. Después de esto y de haber tomado del Cabildo cuatrocientos mil pesos, emprendió la marcha hacia la ciudad de México. En el pequeño pueblo de Charo se presentó con Hidalgo el cura de Carácuaro don José María Morelos, a quien ya conocía desde el Colegio de San Nicolás, pidiendo el empleo de capellán en el ejército. Hidalgo le dijo: "Padre, me parece que mejor ha de ser usted un general que un capellán", y le dio el siguiente despacho de su puño y letra: "Comisiono en toda forma a mi lugarteniente, el Bachiller D. José María Morelos, cura de Carácuaro para que en la costa del Sur levante tropas, procediendo para ello con arreglo a las instrucciones verbales que le he comunicado". Hidalgo y Morelos se despidieron en Indaparapeo para jamás volverse a ver.

Los insurgentes continuaron la marcha por Acámbaro y Maravatío, en donde se presentó don Ignacio López Rayón ofreciendo sus servicios a la revolución. Continuando por Poteo, Tepetongo y San Felipe del Obraje, los insurgentes llegaron a Ixtlahuaca. Después salieron hacia Toluca, a la que llegaron el día 28 de octubre, poco después de que la población había sido evacuada por el jefe realista don Torcuato Trujillo. De Toluca avanzaron hasta Tianguistengo, en donde estuvieron dos días. Al día siguiente salieron de esta población y a las once de la mañana su ejército se encontraba con las tropas de Trujillo en el Monte de las Cruces. Allende dirigió el combate por parte de los insurgentes, y después de seis horas de tremenda lucha, los realistas abandonaron el campo de batalla. Los insurgentes victoriosos pero muy debilitados por tantos muertos y heridos que tuvieron, avanzaron hasta Cuajimalpa, de donde Hidalgo le escribió al Virrey pidiéndole la entrega de la capital. Venegas no contestó a esta carta.

Los insurgentes permanecieron acampados en el Monte de las Cruces hasta el día 2 de noviembre, fecha en que empezó la retirada hacia Querétaro. Nunca se supo cuál fue la verdadera causa de una medida tan extraña, aunque el mismo Hidalgo en una circular dictada en Celaya el día 13 del mismo mes, dice "que por falta de pólvora y municiones, que se habían agotado en la batalla"; sin embargo ésto no parece ser cierto. Se piensa que se desalentó por las muchas pérdidas que sufrió en la batalla, creyendo que en la ciudad había nuevas tropas que lo derrotarían fácilmente.

A su regreso a Querétaro, Hidalgo se encontró inesperadamente con las tropas de Calleja, que venían en auxilio de México; se trabó una escaramuza en San Jerónimo Aculco, en donde el ejército insurgente, más que derrotado, quedó completamente disperso, perdiendo los cañones que le había quitado a Trujillo. Allende y otros jefes revolucionarios se disgustaron mucho con Hidalgo por la retirada de México, cuando tenía ya a la capital prácticamente en su poder. Así es que en Aculco, sin despedirse ni seguir un plan determinado, los jefes tomaron distintos rumbos: Allende se dirigió a Guanajuato e Hidalgo marchó a Valladolid, a donde llegó acompañado de poca gente.

Allende reunió en Guanajuato todos los medios de defensa de que podía disponer y se preparó a resistir a Calleja. El jefe realista atacó la plaza el 25 de noviembre, y después de un reñido combate se apoderó de la ciudad; después tuvo que salir precipitadamente hacia Guadalajara. Pero mientras entraban los realistas, la plebe forzó la puerta de la Alhóndiga y asesinó a 138 españoles que allí estaban presos. Irritado Calleja por este crimen, dio la orden que se tocara "a degüello", pero el padre José María Belauzarán hizo que se detuviera la bárbara orden porque se daría muerte a muchos inocentes. Sin embargo, al día siguiente empezaron las aprehensiones de coludidos con la revolución en alguna forma, los juicios sumarios y los fusilamientos. Se hicieron prisioneras a doscientas gentes que fueron diezmadas y ejecutadas; además se fusilaron a don Francisco Gómez, intendente nombrado por Hidalgo; a don Rafael Dávalos, encargado de

*La firma del decreto por el cual es abolida la
esclavitud, fue realizada por el cura Hidalgo
en la ciudad de La Nueva Valladolid, hoy Morelia.*

fundir cañones; a don José Ordóñez, don Mariano Ricochea, don Rafael Venegas y otros. Al día siguiente, Calleja ordenó se volvieran a diezmar los presos y fusilados, los que sacaban los fatídicos números de diez en diez. Después fusilaron a don Casimiro Chovel, insigne matemático y profesor del Colegio de Minas.

Allende no quería encontrarse con el cura Hidalgo, por lo cual dirigió su camino primero hacia Zacatecas, que había caído en poder de D. Rafael de Iriarte, personaje no digno de confianza.

La idea de la independencia había sido propagada por todo el país, en muchas partes aparecieron "cabecillas" que, con numerosos elementos, se adhirieron a la causa insurgente y lucharon por ella. Ya hemos dicho que uno de ellos eran don Rafael de Iriarte, quien se apoderó de León, de Aguascalientes, de San Luis Potosí y de Zacatecas. En el norte, don José María González Hermosillo extendió el movimiento revolucionario por Sonora y Sinaloa y en el centro iniciaron sus actividades Tomás y Encarnación Ortiz, por Toluca y Zitácuaro; Miguel Sánchez y los hermanos Villagrán, por Querétaro y Huichapan.

En el sur de la Nueva Galicia, don José Antonio Torres (el Amo Torres), comisionado por Hidalgo, organizó algunas fuerzas con las que ocupó Colima, Sayula, Zacoalco y amagó a Guadalajara. La batalla se dio en Zacoalco el domingo 4 de noviembre y fue derrotado el brigadier don Roque Abarca con sus voluntarios de Tepic, los milicianos de Colotlán y de Colima y los regimientos de Infantería de la Corona y de la Nueva Galicia. La ciudad fue abandonada por el obispo y los oidores mientras entraba en ella el

"Amo" Torres con el mayor orden, avisando luego a Hidalgo y a Allende para que pasaran a esa plaza. El triunfo de Torres ejerció inmenso influjo, pues con él se pudieron remediar las pérdidas de Aculco y hacerse de cuantiosos elementos.

No obstante que antes de salir de Valladolid autorizó Hidalgo la matanza de unos sesenta prisioneros españoles a manos de un torero apellidado Marroquín, esto no impidió que el 26 de noviembre fuese recibido con gran pompa por el clero y las autoridades civiles en Guadalajara. Allí empezó Hidalgo a organizar su gobierno, nombrando desde luego dos ministros: el de Gracia y Justicia, licenciado José María Chico; y el de Estado y Despacho, licenciado Ignacio López Rayón. En su calidad de Jefe de la Nación comenzó a legislar sobre los asuntos más graves y urgentes, decretando la libertad de los esclavos en todo el país, el goce exclusivo de tierras de comunidad para los indios (5 de diciembre), la extinción de los tributos y alcabalas y la supresión de los estancos y del uso del papel sellado. Para propagar el ideario de la revolución comisionó al doctor don Francisco Severo Maldonado, con el fin de que publicara el primer periódico insurgente, que se llamó *El Despertador Americano*; comisionó también a don Pascasio Ortiz de Letona para que fuese a los Estados Unidos a negociar una alianza ofensiva-defensiva, a arreglar tratados de comercio y adquirir elementos de guerra.

Entre tanto los realistas, dueños ya de Guanajuato y de Valladolid, recibieron órdenes del Virrey para que, Calleja, con el Ejército del Centro, y el brigadier don José de la Cruz, con 2,000 hombres en Valladolid, se dirigieran hacia Guadalajara para destruir al principal núcleo insurgente. Cuando los insurgentes se informaron del movimiento de sus enemigos, trataron en consejo de guerra su plan de campaña: Hidalgo propuso salir al Puente Grande a encontrarlo, a lo cual se opuso Allende por desconfiar en sus numerosas e indisciplinadas chusmas en un combate a campo abierto; pero habiendo prevalecido el juicio del general en jefe, salieron de Guadalajara a las doce del día 14 de enero de 1811 y llegaron al Puente de Calderón el día 16.

Allí se jugó la suerte de la revolución, los insurgentes desplegaron todas sus fuerzas, que Abasolo había tratado de organizar, muy superiores a las del enemigo, sin embargo, sólo tenían 1,200 fusiles y el resto iban armados con lanzas, garrotes y machetes; su mejor arma era la artillería, compuesta por 94 cañones, de los cuales 44 eran de los que había mandado el cura Mercado de San Blas, puerto del que se había apoderado.

Calleja, ansioso de obtener él solo el triunfo, atacó sin esperar el Puente de Calderón, con cerca de 7,000 hombres y diez piezas de artillería. El combate, fue reñidísimo, pero aquella inmensa muchedumbre que presentaba un blanco seguro a los soldados realistas no tardó en desbandarse, tanto más que una granada realista cayó en un carro de municiones de los insurgentes, el cual al estallar, causó grandes estragos y terror. La confusión los puso en completa derrota, muriendo alanceados muchos de los fugitivos. Entre las bajas que sufrieron los realistas estaba el coronel de Flón, Conde de la Cadena.

Después del desastre de Calderón, el cura Hidalgo volvió a Guadalajara con poca gente y salió inmediatamente por Yahualica hacia Aguascalientes, allí se le unió Iriarte para seguir el camino hasta Pabellón, en donde estaban Allende, Aldama y Abasolo, quienes muy disgustados por los errores militares de Hidalgo, le hicieron renunciar al mando, que recibió Allende, dejándole sólo el político.

El camino de Guadalajara a Texas estaba dominado por los insurgentes, pues don Mariano Jiménez, comisionado por el padre Hidalgo, había entrado victorioso en Saltillo, el 8 de enero de 1811. En Monclova se estableció el gobierno libertario de la provincia de Coahuila y Texas para el que Jiménez había nombrado a don Pedro de Aranda. Pero desde mediados de febrero de 1811, en Coahuila se fraguó la contrarevolución. Sus promotores fueron el tesorero don Manuel Royuela y el capitán de milicias retirado, don Ignacio Elizondo, propietario de grandes sitios de ganado mayor en Santa Rosa, en San Juan de Sabinas y en Nadadores y que había sido siempre enemigo del movimiento insurgente.

A principios de marzo, Hidalgo llegó a Saltillo y recibió del gobierno español una proposición de indulto para él y sus compañeros, a la que contestaron todos que *"no dejarían las armas hasta no arrancar de las manos de los opresores la inestimable alhaja de la libertad. El indulto, excelentísimo señor, es para los criminales y no para los defensores de la patria... Toda la nación está en fermento. Estos movimientos han despertado a los que yacían en letargo"*.

Habiéndose decidido pasar a los Estados Unidos con el fin de adquirir elementos de guerra, se nombró al general don Ignacio López Rayón jefe de las tropas que quedaban en Saltillo. El 17 de marzo se pusieron en marcha, escoltados por los hombres de Iriarte, a través de los desiertos de Coahuila. Ese mismo día llegaba el capitán Elizondo a Monclova, con gran audacia hizo prisionero al gobernador Aranda, marchando inmediatamente a las Norias de Baján, punto de paso obligado para los viajeros. Elizondo llevaba trescientos hombres, cien de tropas de milicias y doscientos indios comanches y lipanes.

El día 20 al caer la tarde, los insurgentes llegaron a un lugar llamado "La Joya", en donde apenas había agua. Allí encontraron a un enviado de Elizondo, quien les dijo se les estaba esperando en Monclova "con las calles compuestas, arcos y gente". Fatigados y sedientos, los insurgentes continuaron la marcha, llegando a las Norias de Baján como a las nueve de la mañana. Elizondo estableció a cien milicianos en fila con el pretexto de que iban a hacer honores, mientras que otros doscientos hombres se encontraban escondidos y prestos para amarrar a los caudillos y a sus acompañantes. El primero en llegar fue un clérigo carmelita, quien fue detenido, amarrado y enviado al poblado de Baján. Muy espaciados y uno tras otro fueron llegando los coches ocupados por religiosos y mujeres, que eran aprehendidos, atados y enviados al poblado. Allende y el capitán Joaquín Arias trataron de defenderse sacando los sables, pero los realistas les hicieron una descarga matando al joven Indalecio, hijo mayor de Allende e hiriendo a Arias, que a los pocos días murió. Después de otros carruajes llegó Hidalgo en un caballo prieto y acompañado por otros jinetes. Elizondo lo saludó y lo dejó pasar hasta donde estaba la emboscada, en donde se le intimó rendición. El padre Hidalgo quiso defenderse pero, desarmado y sin amarrar, fue entregado a una escolta de sus aprehensores.

Al ocultarse el sol había concluido la tarea de Elizondo y sus soldados. Conducidos los prisioneros primero a Monclova y luego a Chihuahua, se les sometió a proceso militar y sin oirles en defensa, fueron condenados a muerte. Al cura Hidalgo, después de haberlo degradado de su carácter sacerdotal, se le fusiló el martes 30 de julio de 1811 a las siete de la mañana en el patio de la cárcel. A Allende, Aldama y Jiménez, el día 26 del mismo mes, y en diferentes días a más de treinta caudillos, entre los que estaban Camargo, Lanzagorta, Santos Villa, Chico y don Mariano Hidalgo, hermano de don Miguel.

El cadáver de Hidalgo fue sacado a la plaza inmediata, en donde, colocado sobre unas tablas, estuvo de manifiesto al público, habiéndose separado la cabeza del cuerpo en virtud de orden verbal del Brigadier don Nemesio Salcedo. Después se dio sepultura a su cadáver en la capilla de San Antonio, del convento de San Francisco.

Días después se dispuso que su cabeza y las de Allende, Aldama y Jiménez, que se guardaban conservadas en sal, fueran conducidas a Guanajuato *"teatro de sus primeras expediciones y sanguinarios proyectos"* * para ser exhibidas colocándolas en los cuatro ángulos del Castillo de Granaditas, dentro de jaulas de hierro, con una inscripción infamante en las que se les calificaba de insignes fascinerosos, saqueadores y ladrones de los bienes del culto de Dios y del Real Erario y causa de desastres, desgracias y calamidades. Las cabezas permanecieron allí hasta el año de 1821.

* Lucas Alamán.—Historia de México.

JOSE MARIA
MORELOS

Mientras que los sucesos relatados en el capítulo anterior se verificaban e innumerables guerrillas hostilizaban por todas partes con diferente éxito al gobierno virreinal, había adquirido gran relieve por sus éxitos la figura del jefe insurgente don José María Morelos, quien nació en la ciudad de Valladolid, que hoy lleva en recuerdo suyo el nombre de Morelia, el 30 de septiembre de 1765; sus padres fueron el carpintero Manuel Morelos y la señora Juana María Guadalupe Pavón. Aunque se le declaró criollo, era cuarterón, con algún ascendiente negro. Huérfano de padre a muy temprana edad, fue confiado al cuidado de su tío Felipe, quien tenía una recua, es decir un conjunto de mulas de carga que acarreaban el comercio desde las costas hasta tierra adentro. Fue pastor en las haciendas de Tehuejo y Zindurio en Apatzingán, y después arriero. El trajinar incansable comerciando de ciudad en ciudad le proporcionaron al joven Morelos salud y gran energía física, le templaron su carácter en la lucha; sin embargo, se imponía un cambio para alcanzar planes mejores para él y su familia. Entre sus empresas acostumbradas estaba el acarreo de cargas y mercancías, desde la hacienda del Rosario hasta Ario y Uruapan. En el Rosario hizo amistad con el dueño de la hacienda, don José María Izazaga, hombre culto, rico e influyente, que decidió ayudar al necesitado y animoso joven Morelos.

En 1790 el joven arriero regresó a Valladolid; a fines de 1791 decidió ingresar en el famoso Colegio de San Nicolás Obispo, por los días en que don Miguel Hidalgo dejaba el puesto de Rector de ese Colegio, por lo cual seguramente no fue su discípulo, aunque sí habló con él y lo oyó, atraído por su fama. Cinco años más tarde viajó por primera vez a la ciudad de México para recibir el grado de bachiller en artes. Continuó su aprendizaje religioso hasta 1797, recibiéndose sucesivamente de subdiácono, diácono y presbítero. Para sostenerse mientras terminaba su carrera, desempeñó las funciones de preceptor en la parroquia de Uruapan, al lado del bachiller Nicolás Santiago de Herrera. El 31 de enero de 1798 recibió el nombramiento de cura interino de Churumuco, a donde se trasladó con su madre y con su hermana María Antonia, a quienes sostenía. El clima cálido y malsano de esa zona, le obligó a solicitar su traslado; pero cuando al fin se le permitió mudarse a la parroquia de San Agustín de Carácuaro, murió su madre. Allí radicó hasta 1810, cumpliendo sus tareas religiosas.

A principios de octubre del citado año tuvo noticia, a través de Rafael Guedea, dueño de la hacienda de Guadalupe, de la revolución que acaudillaba el cura Hidalgo; supo que salía de Guanajuato y estaba en marcha hacia Valladolid, por lo que resolvió ir a incorporársele. Para no hacerse sospechoso ante los "Realistas Fieles", milicias que se habían organizado en toda Nueva España con voluntarios partidarios del Rey, dijo que iba a vender unos novillos de su propiedad. Así pues, con dos mozos de su confianza y tres buenos caballos, salió Morelos hacia Valladolid, pero ya no encontró a Hidalgo allí y lo alcanzó hasta Charo. Morelos le dijo sencillamente a Hidalgo que se incorporaba como capellán en el ejército, pero Hidalgo lo comisionó para "levantar tropas en el Sur y capturar el castillo de San Diego", en Acapulco. En Indaparapeo se despidieron para siempre los dos caudillos.

De vuelta a Charo, Morelos salió a cumplir su misión con sólo un criado, una escopeta y dos trabucos. En Carácuaro reunió veinticinco hombres bien armados; se dice que: "vino por el pueblo de Churumuco y pasó el río Grande por la hacienda de las Balsas; de allí pasó al pueblo de Coahuayutla en donde se le reunió don Rafael Valdovinos con unos cuantos hombres"; en Zacatula, el capitán de caballería Marcos Martínez con 50 hombres a caballo y armados, y en Petatlán, los trabajadores de la hacienda y varios soldados, de la casa de cuyo capitán de milicias, que estaba ausente, tomó cincuenta fusiles y otras tantas lanzas. Con esa fuerza amagó Técpan. La guarnición, al mando del capitán Juan Antonio Fuentes, huyó a Acapulco y algunos *"realistas fieles"* se pasaron al bando insurgente. El 7 de noviembre entró a esa plaza, donde se le agregaron los hermanos Galeana: don Juan, don José y don Hermenegildo, agricultores acomodados que, por ser muy populares en la región, le fueron muy útiles e inclinaron a mucha gente para seguir su partido. Después de pasar por el Zanjón y Coyuca, acampó en El Aguacatillo y el día 9 reemprendió la marcha a Pie de la Cuesta, para reunirse en ese sitio con los indígenas de Atoyac. Continuó hacia El Veladero y dejó seiscientos hombres hostilizando a Acapulco, con la misión de cortar las comunicaciones. Contra éstos mandó el jefe Carreño unos cuatrocientos realistas. El 1o. de diciembre se trabó el combate. Como las tropas de uno y otro bando eran completamente bisoñas, apenas se inició la acción, unas y otras echaron a correr; pero un muchacho que observaba desde un árbol, vio que huían los realistas, dio aviso a los insurgentes, quienes regresaron rápido al campo de batalla a recoger sus propias armas y las del enemigo. Este triunfo le atrajo a Morelos más de seiscientos nuevos voluntarios. De este modo se cumplió la primera fase de la primera campaña, cuyos objetivos fueron: inmovilizar a la guarnición de Acapulco, conseguir armamento y evitar la organización de milicias provinciales.

El gobierno virreinal empezó a recibir alarmantes noticias de las actividades de Morelos, por lo cual ordenó que saliese para la costa del Sur el comandante don Francisco París, jefe de la 5a. división de Milicias de Oaxaca. Tomó la ofensiva el realista y dispersó fácilmente a una partida insurrecta mandada por don Rafael Valdovinos, en un lugar llamado Arroyo Moledor y avanzó hasta El Aguacatillo el 1o. de diciembre. El día 13 del mismo mes, las fuerzas de París fueron sorprendidas y derrotadas por los insurgentes mandados por un lugarteniente de Morelos, llamado Julián Avila. Esta nueva victoria significó para Morelos setecientos fusiles nuevos, cinco cañones de campaña y grandes cantidades de municiones. El triunfo se debió a que antes, un capitán realista, originario de Manila, llamado Mariano Tabares, resentido con sus jefes que lo trataban mal en Acapulco, se relacionó con Morelos y le comunicó que París atacaría en tres columnas separadas, las cuales fueron derrotadas sucesivamente una tras otra. Los realistas dejaron en Tres Palos como cuarenta muertos y lograron llevarse a sus heridos; los prisioneros se pasaron con Morelos.

Con las armas capturadas, Morelos pudo dotar convenientemente a sus hombres y a más que se le habían unido, pero lo principal era que todas las alturas que dominaban a Acapulco estaban en su poder, pero estaba informado de que la fortaleza de San Diego estaba muy bien artillada y preparada para rechazar poderosos ataques, contaba con una guarnición numerosa y bien pertrechada, y de que no obstante estar sitiada por tierra, se abastecía fácilmente por mar. Morelos consideró necesario recurrir nuevamente a una estratagema para no exponerse a un sangriento fracaso. Entró en tratos con un sargento de artillería del fuerte, llamado José Gago, quien se comprometió secretamente a entregar un punto de acceso al castillo por el precio de 300 pesos en oro. Las fuerzas de Morelos debían atacar en cuanto vieran la luz de un farol de marina sobre uno de los portones de las carrondas o cañones de fortaleza. La noche convenida, los insurgentes se aproximaron. La luz apareció efectivamente y Morelos atacó, pero fue recibido con bote de metralla. La sorpresa fue terrible, sus combatientes emprendieron desordenada fuga, dejando buen número de muertos y heridos. Al día siguiente, Morelos emplazó cuatro cañones en el cerro de las Iguanas, con los cuales bombardeó la fortaleza, pero sin ningún resultado. El comandante Carreño organizó una columna con marineros, hizo una valiente salida contra las fuerzas insurgentes, las hizo abandonar la posición y les quitó los cañones.

Morelos se enfermó, por lo que, después de atrincherar debidamente El Veladero y apostar allí con una guarnición al coronel don Francisco Hernández, se retiró a Técpan. Una vez restablecido, regresó a El Veladero, discutió nuevos planes de operaciones con sus jefes subalternos y con un joven capitán recién llegado, alto y trigueño, originario de Tixtla: Vicente Guerrero.

Las tropas realistas pusieron sitio a la ciudad
de Cuautla, defendida tenazmente
por Don José María Morelos.

Desbaratadas las fuerzas de París, el gobierno nombró nuevo comandante en el sur al mayor don Nicolás Cosío, quien reunió a los dispersos y reclutó soldados entre los mulatos de la Costa Chica. El teniente coronel don Juan Antonio Fuentes era el comandante en el castillo. Uno y otro reanudaron las operaciones en marzo. Fuentes ocupó el punto de las Cruces, pero Cosío fracasó en sus ataques a El Veladero. Fuentes fue promovido al mando superior y Cosío quedó como subalterno. Morelos, a su vez, salió el 3 de mayo a la hacienda de La Brea, situada en las primeras cumbres de la Sierra Madre. Allí se detuvo para dar tiempo a los Bravo de que se adelantaran y organizaran sus fuerzas en Chichihualco. Estos y Hermenegildo Galeana derrotaron en ese sitio a las tropas del realista Francisco Garrote (el 21 de mayo de 1811) y tomaron Chilpancingo sin resistencia, en donde se les unió Morelos el día 24. Habían caído en su poder cien prisioneros y cien fusiles. De los prisioneros, algunos se unieron a Morelos y el resto fueron enviados a Técpan a trabajar al campo. Mientras tanto, Cosío y el hacendado Joaquín de Guevara se habían hecho fuertes con 1,500 hombres en Tixtla, cuya plaza cayó en poder de Morelos el día 26, al cabo de una brillante acción de armas, pues los realistas perdieron 200 fusiles, 8 cañones y 200 prisioneros. El 15 de agosto, Fuentes trató de recuperar esa población, cuando Morelos había regresado con sus tropas a Chilpancingo y sólo se encontraban allí las fuerzas de Galeana y Bravo, sin embargo fue tomado a dos fuegos y completamente derrotado, pues el general se presentó oportunamente con 300 jinetes a batir la retaguardia. Esta vez Morelos hizo muchos prisioneros, se apoderó de unos 300 fusiles y de tres cañones de a ocho.

Una escisión en el interior de las tropas insurgentes vino por entonces a ocupar la atención de Morelos. Durante el mes de abril había enviado al capitán Tabares y al teniente norteamericano Faro a que dieran parte a don Ignacio López Rayón de los triunfos en el sur, por lo que éste los premió con el grado de tenientes coroneles a los dos; pero como Morelos no les reconoció los grados, se disgustaron y provocaron una lucha de castas en los pueblos de la costa. Cuando se enteró de esto el cura de Carácuaro dio muy acertadas medidas para atajar aquel mal, atacó al capitán Mayo, también norteamericano, quien a mano armada impedía que sus soldados se juntaran con los negros y mulatos, lo venció y lo hizo fusilar junto con Tabares y Faro. Días después avanzó Morelos hasta Chilapa, en persecución de los dispersos de Fuentes, que lograron escapar hasta la ciudad de México.

Los continuados triunfos de Morelos habían despertado tal entusiasmo entre los partidarios de la revolución en la ciudad de México, que dieron origen a un complot para apoderarse de la persona del virrey Venegas cuando saliera a pasear por el canal de La Viga, y para aprehender a las demás autoridades y vecinos desafectos a la independencia. Un traidor, don Cristóbal Morante, descubrió el complot la víspera de su ejecución (3 de agosto), y a consecuencia de ello fueron aprehendidas varias personas, entre ellas el joven e inteligente abogado Antonio Ferrer y los frailes agustinos Juan N. Castro y Manuel Reséndiz. A Ferrer y a cinco de los conspiradores, se les dio garrote el 29 de agosto, en la plazuela de Necatitlán, aunque el fiscal sólo había pedido para el primero seis años de prisión; a los frailes se les desterró a Filipinas. A pesar de esas ejecuciones, las partidas insurgentes operaban en el centro del país, a cuatro leguas de la capital sostenían combates con los destacamentos realistas y amagaban constantemente ciudades tan importantes como Valladolid, Toluca, Guanajuato y Pachuca.

Una vez en Chilapa Morelos, libre de preocupaciones militares inmediatas por el alejamiento de las tropas realistas, procedió a organizar sus conquistas, con el fin de sacar de ellas los elementos necesarios para la campaña. Arregló desde luego el manejo de las rentas públicas, exigiendo cuentas a los encargados de ellas; suspendió el otorgamiento de grados militares, de que tan pródigos se habían mostrado los primeros jefes insurgentes; creó una provincia, a la que denominó de Nuestra Señora de Guadalupe, dándole por capital a Técpan, elevada al rango de ciudad. Comprendiendo cuán perjudiciales eran al progreso de la causa nacional los odios que reinaban entre indios, castas y blancos, y cuán difícil sería extinguir una guerra de castas, ordenó que a quien pretendiera iniciarla, se le aprehendiera y se le pasara por las armas.

Después de dar estas disposiciones y de distribuir sus soldados en varios regimientos a los que bautizó con nombres de santos, Morelos resolvió abrir una nueva campaña a principios de noviembre de 1811, marchando a Tlapa, la cual fue tomada sin resistencia. En seguida se dirigió a Chiautla, en donde se había atrincherado el jefe realista don Mateo Musitu, en el convento de agustinos, que es una verdadera fortaleza; no obstante, la población cayó en poder de los insurgentes; Morelos ordenó el fusilamiento de Musitu y demás españoles que lo acompañaban, a pesar de que el jefe realista ofrecía cincuenta mil pesos a cambio de su vida.

Después de esta acción Morelos dividió su ejército en tres partes: una, a sus órdenes inmediatas; otra, a las de don Nicolás Bravo, y la tercera al mando de don Hermenegildo Galeana. La primera tomó Izúcar sin mucha resistencia, pero luego fue allí atacada por una columna de más de quinientos hombres, a las órdenes del teniente de fragata don Manuel Soto y Maceda, el 17 de diciembre. Más de cinco horas duró el ataque; pero al cabo de ellas, herido el jefe y muertos muchos de sus hombres, tuvieron que retirarse hasta Atlixco. La columna insurgente puesta a las órdenes de don Nicolás Bravo, aunque fue reforzada por otras partidas, no llegó a atacar a Oaxaca, debido a que París lo batió en Tecanextla el día último de enero de 1812. En cuanto a la columna mandada por Galeana, tomó Tepecuacuilco y Taxco, por lo cual Morelos, en una corta y feliz campaña, que sólo duró sesenta días se adueñó de la región comprendida entre la costa del sur, excepto Acapulco y el Valle de México.

Por aquellos días se presentó ante Morelos el cura de Jantetelco, don Mariano Matamoros. En su calidad de cura interino de Jantetelco, en cuanto estalló el movimiento insurgente, en 1810, manifestó abiertamente su propósito de adherirse a él. Las autoridades españolas lo hostilizaron mucho y acabaron por ponerlo en prisión, pero Matamoros logró fugarse y presentarse a Morelos, quien advirtiendo sus brillantes cualidades lo nombró coronel de su ejército. Difícil sería establecer comparaciones entre los lugartenientes de Morelos, pero particularmente don Hermenegildo Galeana y don Mariano Matamoros "valieron para Morelos como todo un ejército".

El comandante don Rosendo Porlier, de la fragata "Atocha", con los marinos desembarcados y otras tropas, operaba en combinación de Calleja en el valle de Toluca; tomó Tenango en diciembre de 1811 y Tenancingo y Tecualoya en los días siguientes. Sin embargo, los insurgentes de Morelos rechazaron a las fuerzas de Porlier y se volvieron a apoderar de Tenango y de Tenancingo, obligando así al comandante de marina a retirarse a Toluca. Morelos, después de apoderarse de las ricas haciendas cercanas a Cuernavaca, recibió el informe de que Calleja se encontraba en Zitácuaro y marcharía a su encuentro. Considerando la situación muy peligrosa, resolvió dirigirse a Cuautla, para esperar allí el ataque de los realistas, entró en dicha población el 9 de febrero de 1812.

Como en España la situación militar iba mejorando, el gobierno provisional resolvió mandar algunas tropas a México para hacer la campaña, principalmente contra Morelos. En enero de 1812 desembarcaron en Veracruz unos tres mil soldados de Infantería de los regimientos de Lobera y de Asturias. Luego marcharon a la ciudad de México y de allí a incorporarse a Calleja.

El virrey Venegas apremiaba a Calleja para que atacara a Morelos; pero el general español, con muchos pretextos, demoraba esa campaña, lo cual produjo una grave enemistad, al grado que Calleja renunció al mando del ejército, pretextando motivos de salud. Venegas aceptó la renuncia y nombró como nuevo comandante al brigadier don Santiago Irisarri; esto produjo gran disgusto en la opinión pública y en el ejército, por lo que Venegas se vio en la necesidad de suplicarle al brigadier Calleja recibiera de nuevo el mando del ejército para terminar con Morelos, que era *"el principal corifeo de la insurrección, y podemos decir que ha sido el genio de mayor firmeza, recursos y astucia."*

Venegas, militar profesional, aunque no brillante, propuso un plan a Calleja consistente en atacar simultáneamente a Cuautla y a Izúcar, con el fin de evitar que los insurgentes pudieran reunir sus fuerzas, pero Calleja apenas contaba con algo más de dos mil hombres de las tres armas y dos baterías de cañones de 12.

Entre tanto, Morelos decidió esperar en Cuautla y para ello hizo concentrar en esa plaza unos cinco mil hombres bien armados y bien mandados, que se ocuparon de levantar fortificaciones y reductos en los puntos considerados importantes, montándose quince cañones y una culebrina, con suficientes municiones y pólvora. Calleja, por su parte, acostumbrado a derrotar a las desordenadas fuerzas insurgentes del Bajío, creyó fácil tomar Cuautla, y ordenó se diera un asalto general el 19 de febrero de 1812, al amanecer. Los realistas se batieron con gran valor y lograron llegar hasta la plaza de San Diego, pero finalmente fueron rechazados con severas pérdidas. Por su parte, y siguiendo el plan propuesto por Venegas, el brigadier don Ciriaco del Llano con dos mil hombres, entre los cuales estaban unos batallones españoles, atacó Izúcar, pero fue rechazado por los combatientes mandados por don Vicente Guerrero y el padre Sánchez.

Calleja entonces dispuso ponerle sitio en regla a Cuautla; creyó que caería en unos seis o siete días, pero al perder esta posibilidad debido a la tenaz defensa, pidió artillería pesada y rompió la toma de agua de la que se abastecían los insurgentes. Morelos no daba trazas de rendirse; para levantar el ánimo de sus soldados, organizaba fiestas y regocijos. No obstante, la situación en que se encontraban los sitiados era cada día más angustiosa por la carencia de víveres, ya que los intentos de don Miguel Bravo y del cura Antonio Tapia, que operaban fuera de la plaza, habían fracasado en su intento de introducir provisiones. A pesar de esto, nadie pensaba en rendirse. La cuestión decisiva para Morelos era mantenerse en la plaza hasta la llegada de las lluvias, que estaba próxima, pues entonces los sitiadores, gente de la altiplanicie y españoles, se verían obligados a levantar el sitio por el rigor del clima y las enfermedades mortales que se producirían. Desgraciadamente, aquel año, contra lo normal, se retardaron las aguas, fallando los cálculos de Morelos.

Diezmados por la peste, carentes de asistencia médica y sin esperanza de recibir algún auxilio, los jefes insurgentes, por decisión de Morelos, resolvieron romper el sitio, después de setenta y tres días de heroica resistencia. El 2 de mayo, a las dos de la mañana comenzó la salida de Cuautla, en medio del mayor silencio, conforme a las instrucciones dadas por Morelos; esto se logró con tal provecho, que los realistas tardaron muchas horas en darse cuenta, enviando entonces a su caballería en persecución de los fugitivos, quienes en su gran mayoría lograron escapar. Morelos se detuvo en Chiautla, donde logró reunir unos ochocientos hombres armados. Dice don Carlos María Bustamante que la entrada de los realistas a Cuautla fue terrible: fusilaron a muchos inocentes y saquearon la población sin respetar siquiera las iglesias.

La heroica resistencia de los insurgentes en Cuautla llevó la fama de Morelos al más alto grado de popularidad. Sabedores los realistas que Morelos se encontraba en Chiautla, Calleja envió en su persecusión un destacamento de quinientos hombres a las órdenes del jefe realista Cerro. Galeana salió a su encuentro y las derrotó por completo. Después de esta acción, las tropas de Morelos entraron a Chilapa sin encontrar resistencia, marchando de allí el caudillo en auxilio de don Valerio Trujano, quien se encontraba sitiado en Huajuapan. Avisados oportunamente los sitiados, hicieron una salida al llegar Morelos con lo que, tomados los realistas del comandante Régules entre dos fuegos, fueron derrotados, muriendo en la acción el jefe realista Antonio Caldelas, segundo de Régules. Quedaron en poder de los insurgentes treinta cañones, mil fusiles, muchas municiones, víveres y dinero. Los realistas perdieron cuatrocientos hombres, entre muertos, heridos y prisioneros.

De Huajuapan se dirigió Morelos a Tehuacán, en donde entró el 10 de agosto de 1812. Esta plaza tenía una gran valor estratégico pues quedaba equidistante México, Puebla y Veracruz, es decir, se podía ir al punto que mejor conviniese. Desde Tehuacán mandó a don Nicolás Bravo, con seiscientos hombres, a batir al jefe realista Labaqui, quien con trescientos sesenta soldados y tres cañones, se encontraba estacionado en un punto llamado San Agustín del Palmar. Labaqui fue vencido y muerto en el combate; los realistas perdieron cuarenta y cinco hombres, trescientos fusiles, tres cañones y toda la correspondencia que venía de España.

Don Leonardo Bravo había sido hecho prisionero en la hacienda de San Gabriel, cuando trataba de huir con unos soldados del sitio de Cuautla; fue llevado a México, juzgado y condenado a muerte, pero el virrey suspendió la ejecución, con la esperanza de que influyera en el ánimo de su hijo don Nicolás, y de sus hermanos, para que abandonaran las filas insurgentes. Todos ellos se negaron a hacerlo, pues además de que hubieran traicionado a sus ideales, estaban al tanto de la felonía con que procedían los realistas en esos casos.

Morelos propuso al virrey el canje de don Leonardo por ochocientos prisioneros realistas, de los cuales más de la mitad eran españoles, pero, no fue aceptado y se dio garrote al prisionero, el 13 de septiembre de 1812. Al comunicar esta terrible noticia a don Nicolás Bravo, que se encontraba en Medellín, Morelos le ordenó que pasara a cuchillo a todos los prisioneros españoles que tenía en su poder, unos trescientos, sin embargo, este hombre extraordinario, a pesar de la adoración que tenía por su padre, de pronto preparó la ejecución, pero luego, cambiando de parecer, puso a todos los prisioneros en libertad. Ese hecho heroico, que muestra un gran corazón, resulta más notable porque la guerra cobraba cada día un carácter atroz e inhumano.

Con el fin de recoger doscientas diez barras de plata que se encontraban en poder del insurgente Osorno, salió Morelos de Tehuacán a Ozumba, donde las recibió. Los realistas, que tuvieron informe de este movimiento, marcharon a atacarlo, saliendo en su persecución el coronel don Luis del Aguila, quien alcanzó al caudillo en San José de Chachapa, Puebla,

*En el congreso de Chilpancingo
el 14 de Septiembre de 1813, fue elegido
Generalísimo y encargado del Poder Ejecutivo
Don José María Morelos.*

158 — FERNANDO OROZCO LINARES

donde se trabó un reñido combate en que los soldados de Morelos fueron derrotados y perdieron tres
cañones. Los realistas dieron parte de haber destruido
por completo a Morelos, quien se había dado a la
fuga; pero Morelos, al frente de mil doscientos hombres se apoderó de Orizaba, cuya guarnición opuso
tenaz resistencia, el 29 de octubre de 1812.

Al apoderarse de dicha población, Morelos perse-
guía privar al gobierno virreinal de la fuerte cantidad
de dinero por el tabaco que allí recogía. Los almace-
nes tabaqueros de Orizaba se calculaban en varios
millones de pesos. Morelos mandó quemar el tabaco,
recogió el armamento de la guarnición derrotada y
300 mil pesos en plata y otros valores.

Con la misión de recuperar Orizaba, salió el coronel
del Aguila con mil cuatrocientos hombres, trabándose
entre ellos y las fuerzas de Morelos, en las cumbres
de Acultzingo, una acción de poca importancia, en la
cual los insurgentes, aunque fueron derrotados, lograron retirarse salvando todos sus efectos. De Tahua-
cán, Morelos resolvió marchar contra Oaxaca, y sin
informar a nadie sobre su proyecto, según acostumbraba para conservar estrictamente el secreto, reunió
unos cinco mil hombres y se puso en marcha hacia
aquella ciudad, la cual estaba protegida por una fuerte
guarnición a las órdenes del general Antonio González
Sarabia, con abundantes recursos y pesadas obras de
fortificación que había venido realizando desde hacía
tiempo. Morelos tuvo grandes dificultades durante su
marcha, tanto por estar crecidos los ríos como por
escasear los víveres, pero todas las pudo ir venciendo.
En la villa de Etla, su vanguardia se tiroteó con doscientos dragones realistas, y fue allí mismo donde dio

la lacónica orden del día siguiente: "A acuartelarse en Oaxaca". En las primeras horas del 24 de noviembre de 1812 intimó la rendición a la plaza, y como no recibió contestación, al día siguiente, a las diez de la mañana ordenó el asalto. Tres horas después, la ciudad cayó en poder de los insurgentes. Los comercios y las casas de los españoles fueron saqueados y cayeron doscientos prisioneros, entre los que se contaban González Sarabia, Régules, Bonavia y Aristi, quienes juzgados por un consejo de guerra, fueron condenados a muerte y fusilados en el Llano de las Carretas el 2 de diciembre de 1812.

En seguida procedió el caudillo a poner en libertad a los prisioneros insurgentes, a organizar el gobierno, a establecer una maestranza para componer su armamento, a reclutar y disciplinar voluntarios. Fundó también un periódico redactado por don Carlos María Bustamante y el doctor Joaquín Herrera, titulado *El Correo del Sur*, para dar noticias sobre el movimiento insurgente y su proyección.

La Junta de Zitácuaro, presidida por el licenciado Ignacio López Rayón, se designó sucesora del gobierno insurgente, a la muerte de los primeros caudillos; nombró a Morelos como uno de sus miembros, sin que tal nombramiento fuera rechazado. Sin embargo, Morelos por esos días más bien se ocupaba de las operaciones militares. Como las fuerzas realistas de Oaxaca que habían escapado de los anteriores desastres, se refugiaron en Acapulco, decidió ir a sitiar ese puerto, saliendo de Oaxaca el día 13 de enero de 1813. Algunos españoles fugitivos de Oaxaca hicieron creer al capitán general de Guatemala que era fácil volverse a apoderar de aquella ciudad, por lo que se organizó una expedición de unos mil hombres, a las órdenes del teniente coronel Gonzalo Dambrini; pero don Mariano Matamoros, por órdenes de Morelos, interceptó la marcha y lo derrotó por completo en Tonalá el 19 de abril de dicho año, entrando de regreso a Oaxaca el 28 de mayo.

Morelos llegó al puerto de Acapulco el 6 de abril de 1813 con mil quinientos hombres, intimando rendición al comandante de la fortaleza de San Diego. Esta se hallaba defendida por noventa cañones, bien provista de víveres y municiones y auxiliada por varios barcos de guerra. Después de algunos combates en la población para buscar la proximidad a la fortaleza, se dio un asalto general el 12 de abril, tras el cual cayó en poder de los insurgentes. Entonces se atacó directamente a la fortaleza, sufriendo fuertes pérdidas las tropas de Morelos debido al fuego del enemigo y a la carencia de víveres, así como por falta de atención médica. Entre los numerosos combates que se libraron antes de rendirse la fortaleza, son dignos de mención la captura de la isla de La Roqueta por los soldados de Galeana y la toma de un barco que llegaba en auxilio de los sitiados. Después de esto, la guarnición del castillo, que no era muy numerosa, decidió capitular, concediéndole todos los honores de guerra y quedando en libertad. El 20 de agosto los insurgentes entraron a la fortaleza, en donde encontraron gran número de armas, municiones y efectos de comercio almacenados. Con la captura de Acapulco, toda la intendencia de Oaxaca quedó completamente en poder de los insurgentes de Morelos.

Debido a las disenciones de sus miembros, la Junta de Zitácuaro, había acabado por no ser obedecida por nadie. Entonces Morelos, que comprendía era indispensable que la revolución tuviera un centro de gobierno, decidió crear uno, con bastante prestigio para imponerse. Rayón había presentado a Morelos un proyecto de Constitución, que al parecer imitaba la española de 1812; en ella se reconocía aún como soberano a Fernando VII. Esto no fue del agrado de Morelos, enemigo de falsedades y de un gobierno monárquico, por lo que rechazó la propuesta de Rayón. Entonces, decidió Morelos reunir un Congreso Nacional en Chilpancingo y, de acuerdo con varios caudillos, se procedió a la elección de diputados por los lugares que ocupaban los insurgentes, reservándose el mismo Morelos el derecho de nombrar a los de las provincias ocupadas por los realistas. Los electos fueron: el licenciado José Manuel de Herrera, por Técpan; don Ignacio López Rayón, por Guadalajara; don José Sixto Verduzco, por Michoacán; don José María Liceaga, por Guanajuato. Y como suplentes: don Carlos María Bustamante, por México; doctor don José María Cos, por Veracruz; licenciado don Andrés Quintana Roo, por Puebla, y don José María Murguía y Galardi, por Oaxaca.

El 14 de septiembre se instaló solemnemente el Congreso de Chilpancingo. El secretario de Morelos dio lectura a un escrito de éste titulado *Sentimientos de la Nación*, que contenía verdadero programa político. En él se proponía la absoluta independencia de la nación; que se declarara la religión católica, apostólica y romana como única; que se pagaran a sus ministros los diezmos y primicias, suprimiéndose las obvenciones parroquiales; que se estableciera la división de los poderes en legislativo, ejecutivo y judicial; que los nacionales ocuparan los puestos públicos, y que sólo se admitieran extranjeros artesanos que pudieran enseñar nuevas técnicas y oficios; que se suprimiera por completo la esclavitud y la distinción de castas; que se dictaran leyes que moderaran la opulencia y acabaran con la pobreza; que se declarara inviolable el domicilio; que se suprimieran el tormento, las alcabalas, los estancos y el tributo, no dejando sino un impuesto de un 10% sobre importaciones, y que con él y las confiscaciones de los bienes de los españoles, se cubrieran los gastos de la nación. El citado documento es notable porque nos muestra cómo Morelos, a pesar de tener menos instrucción que otros caudillos insurgentes, fue el que mejor comprendió los problemas nacionales y se adelantaba en muchos aspectos a su tiempo.

Una vez instalado, el Congreso, eligió generalísimo y encargado del Poder Ejecutivo a Morelos, dándole el tratamiento de "Alteza", pero a él le incomodó y lo sustituyó con el de "Siervo de la Nación".

Después de los acontecimientos referidos, consideró Morelos factible apoderarse de Valladolid. Una vez logrado esto, los objetivos siguientes serían las grandes ciudades de Guadalajara, Guanajuato y San Luis Potosí.

Sin comunicar a nadie sus proyectos, concentró sus fuerzas para marchar contra Valladolid; pero los curas de varias poblaciones cometieron el grave error de alistarse y de decir la causa de ello. Calleja, quien había sido nombrado Virrey en sustitución de don Francisco Javier Venegas desde el 4 de marzo, formó el Ejército del Centro, situando una división a las órdenes de Llano en Acámbaro y otra como guarnición en Valladolid, a las órdenes del coronel don Agustín de Iturbide.

Morelos llegó a Valladolid con una fuerza de seis mil hombres y treinta cañones, el 22 de diciembre de 1813. La plaza, defendida por dos mil hombres, hubiera caído en poder de los insurgentes, a no ser por el oportuno auxilio de las tropas de Llano que regresaban de Acámbaro. Tomadas de improviso las fuerzas de Morelos entre dos fuegos, tuvieron que retirarse con graves pérdidas, pues en la noche y en medio del mayor desorden, las diferentes partidas se tirotearon entre sí. Perecieron en el combate unos setecientos hombres y quedaron en poder de los realistas doscientos treinta prisioneros, que fueron pasados por las armas, obligándolos antes a cavar sus propias sepulturas.

El generalísimo Morelos se retiró a Chupío, donde reunió a los dispersos y de allí se dirigió a Puruarán, en donde se atrincheró, dejando la mayor parte de sus fuerzas en ese lugar, a las órdenes de don Mariano Matamoros. Los realistas se presentaron al poco tiempo, mandados por Llano, lanzando un formidable ataque y derrotando por completo a los insurgentes, a pesar de la heroica resistencia de Matamoros, quien contaba con un solo cañón.

De la victoria de Puruarán, el hecho más celebrado por los realistas era la captura del valeroso cura Matamoros, quien, conducido a Pátzcuaro, fue expuesto ante los habitantes del lugar y tratado de la peor manera hasta llegar a Valladolid. Con una pequeña escolta, Morelos llegó a un pueblo llamado Santa Lucía y de allí mandó un correo para Calleja ofreciéndole un canje de 200 prisioneros del batallón de Asturias a cambio de la persona de Matamoros, pero Calleja recibió el mensaje dos días después de que Matamoros había sido fusilado en uno de los portales de la plaza principal de Valladolid, a las ocho de la mañana del día 13 de febrero de 1814.

Terrible impresión causó en Morelos la muerte de Matamoros, quien había sido uno de sus más ameritados y útiles lugartenientes. Entonces, Morelos, debido quizá a las críticas que causara su derrota, cometió el error de abandonar el mando político, reservándose sólo el militar, precisamente cuando era más necesaria la unificación de ambos, dejando además, que el Congreso dirigiera la campaña. Esta asamblea, falta de experiencia y activamente perseguida por las fuerzas realistas, comenzó a llevar una vida errante; a pesar de ello, seguía legislando, dando nombramientos y girando órdenes de carácter militar con notoria incompetencia. Así, por ejemplo, ordenó a Morelos desmantelar el fuerte de San Diego, en Acapulco y abandonarlo a los realistas.

Entre tanto, Calleja, libre de otras preocupaciones, ordenó una expedición a Oaxaca, plaza fácilmente recuperada por los realistas del coronel don Melchor Alvarez, el 29 de marzo de 1814. Además, otras fuerzas se apoderaron de la costa de Sotavento, Tehuantepec, de la Mixteca y de la Costa Chica.

Después de desocupar Acapulco, Morelos se retiró a El Veladero; sin embargo, perseguido activamente por el jefe realista don Francisco Armijo, que traía tropas de los antiguos soldados de Morelos, marchó a Técpan, yendo luego a Zacatula, en donde ordenó se fusilara a todos los prisioneros españoles, en represalia de la ejecución de Matamoros.

El campo atrincherado de El Veladero quedó a las órdenes de don Hermenegildo Galeana. Una vez llegado a Acapulco, Armijo organizó de inmediato el ataque contra el campo insurgente, que cayó en su poder el 6 de mayo. Galeana logró escapar con unos cuantos de sus soldados y llegó a Cacahuatepec, en donde levantó una fuerza de trescientos hombres, se dirigió a la Costa Chica y llegó a Coyuca. Una mañana, el capitán Avilés hacía un reconocimiento sobre el río cuando lo sorprendió una partida realista. Avilés se defendió y Galeana llegó en su auxilio, pero por todas partes surgieron jinetes enemigos. Galeana gritó "¡Sálvese el que pueda!" y se internó en la espesura siguiendo un sendero, perseguido por unos cuantos jinetes realistas. Cuando Galeana volteó para calcular la distancia a la que iba el enemigo, recibió en la cabeza un golpe de una rama que lo sacó de la silla y lo tiró al suelo. Se disponía a defenderse cuando un soldado, que venía a la carrera, disparó un certero tiro con la carabina y lo dejó muerto; bajó del caballo y le cortó la cabeza, la cual fue expuesta a la entrada de Coyuca. Cuando Morelos supo el trágico suceso, no pudo ocultar su dolor y exclamó: "¡Acabaron mis dos brazos! ¡Ya no soy nadie!".

Derrotados los más notables caudillos insurgentes, el principal objetivo de Calleja era aniquilar el Congreso, destacando en su persecución fuerzas considerables a las órdenes de Armijo. De Uruapan se trasladó dicha Asamblea a Apatzingán, y ahí promulgó al fin la Constitución que había sido formulada en medio de sus peregrinaciones, el 22 de octubre de 1814. Aunque en esos momentos era un instrumento inútil, la Constitución mostraba el gran espíritu democrático de sus autores. Dicho documento, titulado *Decreto Constitucional para la libertad de la América Mexicana*, tenía grandes semejanzas con la española de 1812, pero el Poder Ejecutivo se depositaba en un triunvirato, cuyos miembros se turnarían anualmente. Entre las prescripciones más notables de la Constitución de Apatzingán, se enumeran: la intolerancia religiosa, pues sólo se aceptaba la religión católica; la soberanía popular; el sufragio universal; la igualdad de todos los nacidos en Nueva España; el reconocimiento de que la instrucción era necesaria para todos y debía ser favorecida por la sociedad.

De acuerdo con el virrey, el coronel don Agustín de Iturbide se había propuesto perseguir al Congreso y aprehender a sus miembros. Este se encontraba en Ario, pero al ser perseguido, anduvo huyendo de ahí a Puruarán, nuevamente a Ario, luego a Huetamo y a Uruapan, donde desobedecido por algunos de sus miembros, llamó a Morelos para que los sujetara al orden. Después, no considerándose seguro en el lugar donde se encontraba, decidió trasladarse a Tehuacán, pues ahí esperaba recibir auxilio de los Estados Unidos; comisionó a Morelos para que lo escoltara en su recorrido de ciento cincuenta leguas, atravesando un enorme territorio casi todo en poder de los realistas. El mismo Morelos, en un documento oficial, hizo notar los inconvenientes de la marcha, sin dejar de reconocer su fiel obediencia al Congreso.

Morelos ordenó que varias partidas procuraran distraer al enemigo, pero sus indisciplinados jefes no obedecieron. Junto con el Congreso y el Supremo Tribunal, se puso en marcha el 29 de septiembre de 1815, dirigiéndose primero a Huetamo, siguiendo luego las riberas del Mezcala, hasta detenerse en Tezmalaca, el 3 de noviembre de dicho año. Al tener noticias de estos movimientos, el virrey comisionó al coronel realista don Manuel de la Concha para que siguiera sin descanso a Morelos.

Salían los insurgentes de Tezmalaca, cuando llegaron ahí los realistas, y el combate fue inevitable. Morelos pudo haber escapado, pero procuró, ante todo, poner a salvo al gobierno que él mismo había creado y se preparó a resistir. El combate se convirtió al poco rato en sangrienta derrota para los insurgentes, sin embargo, el Congreso pudo salvarse. Entonces Morelos se vio obligado a escapar a pie, pero fue reconocido por Matías Carranco, soldado que había militado a sus órdenes, y aprehendido. El virrey ordenó que se le condujera a México para juzgarle; ejecutada tal orden, se comenzó a instruir el proceso por las jurisdicciones religiosa y militar. En todo el proceso, el acusado actuó con gran entereza y veracidad, sin flaquear un solo instante. Dijo que al quedar prisionero Fernando VII en Francia, la Nueva España había recobrado su libertad, por ello, los americanos, al levantarse en armas, sólo habían ejercido un derecho; que si había ordenado fusilamiento de españoles, había sido en represalias; que no consideraba válidas las excomuniones, ni de los obispos ni de la Inquisición; y que las muertes, destrucción de propiedades y la ruina del país, de que se le hacía cargo *"eran los efectos naturales de toda revolución"*. Después de una defensa nominal hecha por un abogado que acababa de recibirse, se pasó la causa a la jurisdicción eclesiástica, que lo sentenció a la privación de todo oficio y beneficio y a la degradación sacerdotal.

El tribunal de la Inquisición, que acababa de restablecerse, citó entonces a Morelos para auto de fe, el 27 de noviembre de 1815. Los cargos de la Inquisición eran verdaderamente ridículos y las respuestas del acusado fueron muchas veces irónicas. Por ejemplo, cuando se le hizo el cargo de que no rezaba el oficio divino, contestó que *"la guerra no le dejaba lugar para rezar". Aquel vetusto y desprestigiado tribunal falló entonces que Morelos era hereje formal, cismático, apóstata, lascivo, enemigo irreconciliable del cristianismo. Cuando se le comunicó esto, Morelos se sonrió. "De todo podía ser acusado Morelos —dice don Lucas Alamán—, menos de hereje, y además, la injusticia de la sentencia era una venganza muy innoble"*

Desde que fue hecho prisionero, Morelos fue encadenado; en el pueblo de Tepecoacuilco se le obligó a presenciar el fusilamiento de 26 prisioneros hechos en Tezmamalaca. En una carroza de cuatro caballos y con una fuerte escolta de dragones, Morelos llegó a San Agustín de las Cuevas (hoy Tlalpan); ese mismo día, ya muy noche, fue trasladado a la ciudad de México, en donde fue puesto en prisión en la cárcel de la Inquisición, en la plaza de Santo Domingo, donde estuvo la Escuela de Medicina. Después del acto inquisitorial que hemos referido, fue trasladado a la Ciudadela, en donde se le siguió el proceso militar que lo sentenció a muerte.

El 22 de diciembre de 1815, en la madrugada Morelos fue sacado de la Ciudadela y puesto en un coche, acompañado de un padre apellidado Salazar y de un oficial. El coronel Concha, quien mandaba las tropas, ordenó que el coche y la numerosa escolta de dragones se pusiera en marcha. Se le permitió al prisionero bajarse a rezar en la Villa de Guadalupe, en donde, además, por órdenes de Concha, que con el trato continuo de los últimos días le había cobrado gran respeto y afecto a Morelos se le sirvió un frugal almuerzo, sentado, mientras comía, dijo: Señor coronel Concha, me gusta la construcción de esta capilla, me recuerda la mía, la de Carácuaro. —*No hubiera permitido Dios que la hubiera usted dejado*— contestó Concha. —*Señor coronel, cada criatura tiene una misión sobre la tierra; yo quería la independencia de mi patria y luché por ella. No me arrepiento de lo que he hecho por ese ideal. Mi conciencia no me acusa.* —*Yo, señor general* —contestó Concha— *soy un simple soldado y respeto el juicio de los hombres.*

Continuaron el viaje y pasaron por Santa Clara hasta llegar a San Cristóbal Ecatepec, en donde Concha le preguntó: —*¿Sabe usted señor general, a qué hemos venido hasta aquí?* —*Me lo imagino: ... a morir. Pero antes, amigos e hijos míos, fumaremos un puro, pues es mi costumbre después de comer, y lo dijo con tal calma y natural desenfado, que Concha y los oficiales estuvieron a punto de llorar. Después entró la escolta que lo debía conducir al patíbulo. Morelos dijo entonces: ¡Vamos señor coronel: venga un abrazo! Se ajustó después el traje talar, y dijo: —Esta será mi mortaja, aquí no hay otra. Sacó el reloj, vio la hora con toda calma. Eran las tres de la tarde. Fue conducido al exterior de la hacienda y después de haber besado un crucifijo, avanzó con la escolta y le preguntó al oficial —¿Aquí me he de hincar? Se le contestó afirmativamente y luego se negó a ser vendado. Quedó el héroe de rodillas. Los soldados apuntaron y se oyó la voz del oficial que mandó:*

*¡Fuego!, y tras de la descarga, el hombre más extra-
ordinario que había producido la revolución de Nueva
España, cayó atravesado por la espalda por cuatro
balas".*

Y vemos a Morelos, ese símbolo, con su negro traje
talar, la cabeza amarrada con la mascada blanca agi-
tada por el viento, y en la mano diestra el sable de-
senvainado, señalando el camino. . .

BENITO JUAREZ

Una partida de bautismo que existe en el archivo parroquial de la Iglesia de Santo Tomás Ixtlán, Oaxaca, con el número ciento sesenta y cinco, dice lo siguiente: "...*A veintidós de marzo del año de mil ochocientos seis, yo, Ambrosio Puche, vecino de este Distrito, bauticé solemnemente a Benito Pablo, hijo legítimo y de legítimo matrimonio de Marcelino Juárez y de Brígida García, indios del pueblo de San Pablo Guelatao, perteneciente a esta cabecera: sus abuelos son Pedro Juárez y Justa López; los maternos Pablo García y María García: fue madrina Apolonia García, india, casada con Francisco García, advirtiéndole sus obligaciones y parentesco esperitual. — Y para constancia lo firmo con el señor Cura.—(Firmado).—Mariano Cortabarría y Ambrosio Puche*".

El pequeño Benito Pablo quedó huérfano a la edad de tres años; fue recogido por su abuela Justa López y luego por su tío Bernardino Juárez, quien utilizaba el trabajo del huérfano en provecho propio. Fue así como llegó a los doce años sin haber siquiera aprendido el idioma castellano. Sin embargo, ocurrieron ciertos acontecimientos que el mismo Juárez nos narra: "*El miércoles diez y seis de diciembre de 1818, estaba yo en el campo, como de costumbre, con mi rebaño, cuando acertaron a pasar como a las once del día, unos arrieros conduciendo varias mulas con rumbo a la sierra. Les pregunté si venían de Oaxaca; me contestaron que sí... Pero he aquí que al examinar mis ovejas, encontré que faltaba una, suceso que no pudo menos de desesperarme, conociendo el rigor de mi tío, a quien debía entregar el rebaño previa cuenta. Triste y abatido estaba, cuando llegó un muchacho que era mi amigo, y de nombre Apolonio*

Conde. El me dijo que había visto cuando uno de los arrieros se llevó la oveja. Como habíamos hecho una lumbre para asar unos elotes, el humo atrajo al dueño de la milpa, quien nos condujo a la presencia de mi tío Bernardino, cuya cólera puede suponerse. Me acosté sin cenar bajo la amenaza del tío, que me ofrecía una cueriza para el día siguiente. Antes del alba me levantó y me ordenó salir a buscar la oveja perdida; y aquel temor y mi natural afán de salir de allí para llegar a ser algo, me decidieron a marchar a Oaxaca, sin más equipo que mi pachón (capote de hojas de palma)".

Después de tres días de camino llegó el joven Juárez a la capital de Estado, refugiándose en la casa de don Antonio Maza, a quien el vulgo le llamaba *"El gachupín Maza"*, pero en verdad era un genovés casado y establecido en Oaxaca. Allí vivía su hermana Josefa que trabajaba como sirvienta en casa de los Mazza, verdadero apellido de don Antonio, quien sería más tarde suegro de don Benito. Josefa trató a su hermano con verdadero cariño, de suerte que el pequeño recién llegado la llegó a amar tiernamente. En recuerdo de ella, Juárez dio más tarde ese mismo nombre a una de sus hijas.

En cierta ocasión, Josefa llevó un platillo con dulce a regalar a don Antonio Salanueva y se hizo acompañar de su hermano Benito. El señor Salanueva, un religioso de la Orden de San Francisco, preguntó quién era el niño y Josefa le hizo una pequeña historia de Benito y del desamparo en que se hallaba, lo cual fue suficiente para que el buen religioso tomara al niño bajo su protección y cuidado, encargándose personalmente de su instrucción primaria y educándolo, además, en un alto concepto del honor y de la honradez. Cuando el padre Salanueva encontró suficientemente preparado a Benito, lo inscribió en el único plantel de enseñanza superior con que entonces contaba Oaxaca: el seminario eclesiástico, sujeto a métodos de enseñanza arcaicos y escolásticos, en donde los cursos científicos eran casi desconocidos.

En octubre de 1821, cuando acababa de consumarse la independencia de México, comenzó el joven Benito sus estudios de latinidad, recibiendo el 3 de agosto de 1824, la nota de *"Excelente. Es de sobresaliente aprovechamiento y particular aplicación. Firmado Lic. Francisco Ramírez de Aguilar"*. Todos sus estudios posteriores, en 1825, en 1826 y en 1827 fueron coronados por el éxito, pero en el Seminario de Santa Cruz de Oaxaca no se hacía más carrera que la eclesiástica; por ello, en principio, desde agosto de 1826, la Legislatura del Estado creó el Instituto de Ciencias y Artes, cuando era Gobernador de la entidad el licenciado don Ignacio Morales. Los programas que presentó el Instituto fueron para seguir Cursos de Jurisprudencia y al año siguiente la carrera de Medicina, de Comercio y la de Agricultura, así como también se estableció una Academia de Bellas Artes. El joven Miguel Méndez, compañero y amigo de Juárez en el Seminario, fue el primero en abandonarlo para ingresar al nuevo plantel; otros le siguieron y Benito Juárez no dudó más en imitarles, comenzando sus estudios de Derecho en 1828, cuando ocurrieron las elecciones para Presidente de la República, ganadas por el general don Manuel Gómez Pedraza. Sin embargo, el 29 de noviembre de 1828 se produjo el cuartelazo de la Acordada, el cual obligó a Pedraza

Un joven pastor de Oaxaca, Benito Juárez,
fue con el tiempo el presidente de la
República Mexicana.

a renunciar a su victoria electoral para dejársela a Guerrero. Esa situación produjo trastornos en Oaxaca, pero Juárez no se desobligó de los estudios, de suerte que el 30 de julio de 1829 presentó su primer acto de derecho público y en diciembre de 1830 solicitó su primer examen profesional, que aprobó por unanimidad.

Después, se abre un paréntesis de tres años en la vida de Juárez, durante los cuales el joven colegial tuvo que interrumpir la carrera para trabajar y procurarse la subsistencia. Pero cuando todavía era sirviente en la casa del padre Salanueva, en 1832, sus amigos y compañeros lo ayudaron para que se encargara de la clase de Física en el Instituto. El 1o. de enero recibió el nombramiento de Secretario del mismo, cargo puramente honorífico, pero que le permitió darse a conocer, de suerte que fue electo diputado local para la gestión 1833-1834. Ya en la Cámara propuso y obtuvo el acuerdo para construir un pequeño monumento en Cuilapan, en el lugar donde había sido fusilado el general don Vicente Guerrero, así como también que se invitara a su viuda y a su yerno, don Mariano Riva Palacio, para que fueran a develarlo. En 1833, Juárez pudo solicitar el último examen profesional, que sustentó con mucho éxito; en enero de 1834, aprobado por voto unánime, el alumno Benito Juárez, de 28 años, obtuvo el título profesional, convirtiéndose en el primer abogado recibido en el Estado de Oaxaca.

Aunque preocupado del ejercicio de su profesión, el nuevo letrado no abandonó el Instituto, fue nombrado profesor de Derecho Canónico e Historia Eclesiástica, pero como no había alumnos, fue puesto al

frente de la Secretaría del Instituto, en donde hizo
cuanto pudo por el establecimiento, al que tanto cariño profesara: organizó la Biblioteca; creo un gabinete de Física; inició la formación del Museo del Estado; adquirió un telescopio y un barómetro. En suma,
los primeros trabajos del joven profesionista estuvieron consagrados a la enseñanza, aunque ya se había
iniciado en la actividad política en el bando liberal,
por las vías legales, pues Juárez nunca se adhirió a
ningún cuartelazo o rebelión.

En 1842, Juárez fue nombrado Juez de lo Civil,
cargo que desempeñó hasta 1845 con verdadera rec-
titud y capacidad. Entre tanto, el 1o. de agosto de
1843, en la parroquia de Oaxaca contrajo matrimonio
con Margarita Maza, hija de don Antonio, aquél genovés en cuya casa se había refugiado cuando llegó
a Oaxaca en 1818. Muy hermosa, sencilla, virtuosa, la
desposada fue digna de Juárez, mostrándose después
tan valerosa como él en los grandes infortunios y llenando su hogar de felicidad.

Durante el año de 1845 se produjeron dos pronun-
ciamientos, uno en Puebla y otro en Guadalajara,
por lo cual el general don Antonio León, gobernador
centralista de Oaxaca, llamó al licenciado Juárez para
que se encargara de la Secretaría de Gobierno. Pero
muy pronto surgieron desavenencias entre dos caracteres tan radicalmente opuestos; Juárez renunció al
cargo, pero el mismo general León, soldado rudo, pa-
triota y muy valiente como lo demostró al caer en el
Molino del Rey el 8 de septiembre de 1847, luchando
como un héroe contra el invasor norteamericano al
frente de sus valientes mixtecos, pidió que Juárez
fuera nombrado Fiscal del Tribunal Superior del De-

partamento, cargo que desempeñó con eficiencia hasta que una nueva rebelión desconoció al gobierno del general Paredes y Arrillaga, lo que obligó al estado de Oaxaca a reasumir su independencia y soberanía, encargando el Poder Ejecutivo a un triunvirato formado por Luis Fernández del Campo, José Simeón Arteaga y Benito Juárez, siendo este último el único dueño de la confianza pública. Al restablecerse el estado de cosas federal, Arteaga quedó como Gobernador interino y Juárez fue enviado a México como diputado al Congreso Constituyente en 1846, participando en la política federal que decretó la hipoteca de los bienes eclesiásticos para ayudar en el financiamiento de la guerra contra los Estados Unidos. El clero provocó la llamada rebelión de los *"polkos"*, señoritos que habían sido llamados al servicio militar para combatir al invasor. Santa Anna, de regreso de la malhadada campaña del Norte, destituyó a Gómez Farías de la vicepresidencia, derogó la ley de préstamos sobre bienes de manos muertas y disolvió el Congreso.

Juárez regresó a Oaxaca, en donde se le nombró gobernador interino, del 2 de octubre de 1847 al 12 de agosto de 1849. Por esos días impidió que el general Santa Anna, que iba huyendo hacia el sur, penetrara en territorio de Oaxaca más allá de Teotitlán del Camino. Al terminar su periodo provisional, Juárez fue reelecto sin oposición. Durante su mandato constitucional, concilió intereses y partidos, subvencionó al Instituto, fomentó la ilustración de la mujer, rehabilitó el puerto de Huautla, mejoró el camino a Tehuacán, suprimió las alcabalas, introdujo la rotación de cultivos, estimuló la minería, fundó una casa de moneda, y atendió al sostenimiento de ocho escuelas normales, 699 municipales y 19 amigas, con una asistencia de 25,600 niños y 4,429 y 4,500 niñas. Al término de su administración, en agosto de 1852, dejó una existencia en caja, de cincuenta mil pesos. Ocupó después la Rectoría del Instituto y volvió a su despacho de abogado. Pero el 25 de mayo de 1853, cuando el general Santa Anna asumió la Presidencia de la República como resultado del Plan del Hospicio, en Guadalajara, y fue declarado Alteza Serenísima después, el licenciado Juárez alzó la voz. Por esta causa y sus antecedentes liberales, fue detenido y enviado preso a Jalapa y luego a Veracruz, para embarcarse al destierro a La Habana.

De la capital de Cuba, entonces posesión española, el licenciado Juárez pasó a Nueva Orleans, en donde trabó amistad con otros liberales expatriados, algunos de los cuales no conocía antes, como don Melchor Ocampo, don José María Mata, don Ponciano Arriaga y otros. Todos desempeñaban los oficios más diversos para poder vivir. Juárez trabajó en una imprenta y fue torcedor de tabacos. A principios de 1854, los liberales expatriados publicaron un manifiesto en el que rechazaban la firma del Tratado de la Mesilla, territorio al norte de Chihuahua y Sonora, que había sido vendido por el gobierno de la Dictadura Perpetua santanista al Gobierno de los Estados Unidos, en diez millones de pesos, dinero que por cierto llegó mermadísimo al gobierno, pues agiotistas y negociantes tomaron de él para pagarse deudas y servicios.

A pesar de la tiranía establecida en el país y de sus métodos de represión, ejercidos por Santa Anna y sus lugartenientes, hubo algunos intentos por derrocar tal estado de cosas. Grupos liberales se sublevaron en

Puebla, Guanajuato, Yucatán y Veracruz, pero todos fueron sofocados violentamente. Santa Anna no aceptaba más gobernante que él ni más ley que su palabra. Sólo en el sur existía un poderoso cacicazgo ejercido por don Juan Alvarez, antiguo soldado de Morelos, quien en una conversación con Santa Anna, su amigo, le declaró que *"el Sur no aceptaba intromisiones, porque se levantaría en armas"*. Por ello, Santa Anna decidió destituir a Alvarez del gobierno del sur (territorio formado por el actual estado de Guerrero, partes de Morelos y del estado de México), y para acabar con su preponderancia política mandó fuerzas del ejército con destino a Acapulco, bajo el pretexto de que iban a ser embarcadas para combatir una posible agresión de filibusteros en la Baja California.

Comprendiendo la intención de Santa Anna, Alvarez decidió levantarse en armas contra la dictadura. El coronel don Florencio Villarreal proclamó un plan revolucionario en la población de Ayutla, del actual estado de Guerrero, el 1o. de marzo de 1854. Dicho Plan desconocía a Santa Anna como Presidente de la República y nombraba como Interino al que llamaba *"Jefe de la Revolución"*, don Juan Alvarez, mientras se convocaba a un Congreso que expidiera una nueva Constitución.

Después de una serie de fracasos militares contra los rebeldes y de advertir que la revolución ardía por todo el país, el general Santa Anna abandonó el poder y marchó al exilio, delegando el gobierno en un triunvirato compuesto por don Ignacio Pavón y los generales Mariano Salas y Martín Carrera, los tres santanistas y reaccionarios. Ante tal situación, el general don Ignacio Comonfort, personaje muy importante en la rebelión de Ayutla, giró una circular a todos los jefes de la Revolución, reconociendo el Plan de Ayutla, y que, por tanto, se le otorgaba el cargo de Presidente Interino de la República.

Llamado por Comonfort, el licenciado Benito Juárez llegó a Acapulco, a fines de julio de 1855, y fue nombrado secretario y consejero de don Juan Alvarez, recibiendo el Ministerio de Justicia e Instrucción Pública, del 6 de octubre al 9 de diciembre de ese año. En ese lapso se expidió la *"Ley sobre administración de Justicia, y orgánica de los Tribunales de la Nación, del Distrito y Territorios"*, conocida como *"Ley Juárez"*, que suprimió los fueros eclesiásticos y militares. Esta disposición, la primera propiamente de la Reforma, provocó violentas reacciones, verbales y armadas, de parte del bando conservador, las cuales fueron sofocadas. Sin embargo, en el gabinete del Presidente Alvarez, que estableció su gobierno primero en Cuernavaca y luego lo trasladó, el 15 de noviembre de 1855, a la capital, las cosas no marchaban tan bien, debido a que las ideas de los Ministros no se armonizaban; Comonfort trataba de conciliar los intereses del clero y del ejército, en tanto que los otros opinaban que se debían apoyar las reformas radicales. Como se apoyó a Comonfort, don Melchor Ocampo decidió renunciar a su cargo en la Cartera de Relaciones. Dando muestras de desinterés, Alvarez también renunció a la Presidencia de la República, nombrándose en su lugar al general don Ignacio Comonfort (18 de diciembre de 1855). Esto significó una transacción con el clero, el ejército y los moderados, que trajo graves complicaciones para el país, pues el carácter tolerante de Comonfort le hacía incapaz de llevar adelante la reforma liberal que se encontraba en vías de realizarse.

Juárez regresó a Oaxaca como gobernador del Estado, del 10 de enero de 1856 al 25 de octubre. En este periodo, reinstaló el Instituto de Ciencias y Artes, que Santa Anna había rebajado al grado de escuela inferior; le dio impulso a la instrucción pública creando escuelas en algunas ciudades, no en gran número porque el presupuesto no era abundante; reguló la hacienda y el departamento de Justicia, sujetando a una revisión muy propia el Código Civil y Criminal del Estado. Controló dos rebeliones; una con energía, en Ixcapa, y otra, con mesura, en Tehuantepec, decisiones, ambas, basadas en la estricta justicia.

Mientras tanto, en la capital de la República se discutía y promulgaba la nueva Constitución en la cual, a decir verdad, Juárez no participó porque estaba ocupado en el gobierno de su Estado, del que fue reelecto en septiembre de 1856. Sin embargo, el 20 de octubre del mismo año el presidente Comonfort formó su Gabinete e invitó a Juárez para que se hiciera cargo de la cartera de Gobernación. Obtuvo licencia de la legislatura de su Estado, dejando en su lugar al señor Arteaga. Juárez salió rumbo a la ciudad de México para tomar posesión del Ministerio, el 3 de noviembre. Días después, se celebraron las elecciones generales, en las que Comonfort resultó electo Presidente Constitucional de la República y Juárez fue designado Presidente de la Suprema Corte de Justicia de la Nación, lo cual le daba el carácter legal de vicepresidente de la República. El 17 de diciembre, el general Félix Zuloaga, comandante de una brigada de Infantería estacionada en Tacubaya, propuso la derogación de la Constitución de 1857, mediante un golpe de Estado.

Dice don Manuel Payno: *"Los únicos que no supieron nada realmente en los primeros días fueron los señores don Manuel Ruiz y don Benito Juárez; pero el señor Comonfort no quiso mucho tiempo guardar secreto con ellos. Una mañana, delante de mí, llamó a don Benito Juárez y se encerró con nosotros en una de las piezas del entresuelo. El señor Comonfort y el señor Juárez eran muy amigos; se tuteaban y se trataban con mucha confianza.*

—Te quería yo comunicar hace muchos días, dijo el señor Comonfort al señor Juárez, que estoy decidido a cambiar de política, porque la marcha del gobierno se hace cada día más difícil, por no decir imposible; los hombres de algún valer se van alejando de Palacio; los recursos se agotan, y yo no sé lo que va a ser del país si no procuramos todos que las cosas vayan mejor. A la revolución física no la temo: la afrontaré como hasta aquí; pero la revolución moral exige otra clase de medidas que no son las armas y la fuerza. —Alguna cosa sabía yo, contestó el señor Juárez con mucha calma; pero supuesto que nada me habías dicho, yo tampoco quería hablarte una palabra. —Pues bien, replicó el señor Comonfort; ahora te lo digo todo: es necesario que cambiemos de política, y yo deseara que tu tomaras parte y me acompañaras. —De veras, le contestó el señor Juárez con su eterna calma y como si se le hablara de la cosa más llana del mundo; de veras, te deseo muy buen éxito y muchas felicidades en el camino que vas a emprender; pero yo no te acompaño en él."

El día que se sublevó Zuloaga, Juárez marchó precipitadamente a Palacio para disuadir, si aún era posible, a Comonfort, pero ahí mismo fue reducido a prisión, quedando incomunicado, bajo el pretexto de impedir un atentado contra su persona. Dos días después, el Presidente Comonfort se adhería al Plan de Tacubaya, declarando que había cesado de regir la Constitución de 1857 y se convocaría a un nuevo Congreso.

Al aceptar el Plan de Tacubaya, Comonfort perdió la confianza de los dos partidos, el Liberal y el Conservador. Este último lo desconoció como Presidente y nombró en su lugar al general Zuloaga, quien se apoderó de la ciudad de México el 8 de enero de 1858. Entonces, Comonfort abandonó la Presidencia y marchó hacia los Esados Unidos, poniendo antes en libertad a don Benito Juárez. En tales circunstancias, Juárez lanzó un manifiesto declarando que asumía el Poder Ejecutivo conforme a la Constitución de 1857, por falta de Presidente. Pero como los reaccionarios se habían apoderado de la capital, se trasladó a Guanajuato, donde estableció su gobierno bajo el amparo del gobernador don Manuel Doblado.

Juárez fue reconocido por algunos Estados de la república, en tanto que otros lo desconocieron. Entonces, se estableció una terrible disputa entre los partidos liberal y conservador, por el poder y por el triunfo de sus ideas, lucha que duró tres años, de 1858 a 1860.

Juárez organizó su gabinete con los hombres más prominentes del partido Liberal: Melchor Ocampo, Santos Degollado, Guillermo Prieto, León Guzmán. Todos ellos sostenían la necesidad de una reforma completa sin contemporizar con las clases privilegiadas. Para contrarrestar la fuerza adquirida por el partido Conservador, los Estados de Michoacán, Jalisco, Guanajuato, Zacatecas, Aguascalientes y San Luis Potosí, a iniciativa del gobernador de Jalisco, don Santos Degollado, organizaron una alianza para sostener la Constitución Federal de 1857 y combatir a los conservadores. Dichos Estados reunieron sus fondos públicos y sus tropas, y formaron un ejército de 7,000 hombres, que pusieron a las órdenes del general Anastasio Parrodi, quien fue derrotado por el general Luis G. Osollo, en Celaya y en Salamanca, Guanajuato. Alcanzado con algunas cuantas tropas que habían escapado del desastre, el gobernador de Guanajuato, don Manuel Doblado, tuvo que capitular en Romita, cerca de Silao.

Encontrándose el Gobierno Constitucional en Guadalajara, una parte de la guarnición, encabezada por el coronel Manuel Rosas Landa, se levantó en armas en favor del Plan de Tacubaya y aprehendió a Juárez y a sus ministros. Los batallones de la Guardia Nacional de Jalisco, mandados por los coroneles Miguel Cruz Ahedo y Luis Contreras Medellín, atacaron a los sublevados; entonces, la guardia de Palacio trató de fusilar a Juárez y a sus ministros pero la serenidad del Presidente y las palabras persuasivas del ministro de hacienda, don Guillermo Prieto, evitaron que se consumara el atentado. Al ver que no todas las fuerzas secundaban su movimiento y temerosos de que llegaran más tropas liberales, los sublevados celebraron una capitulación, poniendo en libertad a los prisioneros y permitiéndoles salir hacia Manzanillo, el 19 de marzo de 1858.

En Colima, Juárez nombró ministro de Guerra y

de Gobernación a don Santos Degollado, dejándole la responsabilidad de continuar la lucha contra los conservadores. En seguida, el propio Juárez y su gabinete se embarcaron en Manzanillo rumbo a Panamá, con el fin de establecer su gobierno en Veracruz.

El principal problema que enfrentó el gobierno Constitucional en Veracruz fue el de conseguir recursos para continuar la lucha contra la reacción. Por una parte, buscó el reconocimiento de los Estados Unidos, pero este país lo condicionaba a la concesión de los derechos de tránsito por el Istmo de Tehuantepec y al permiso para construir un ferrocarril desde la frontera de Texas hasta un puerto en el Mar de Cortés, e inclusive llegaron a proponer la compra de la península de Baja California. La otra alternativa consistía en nacionalizar los bienes del clero. Mientras Juárez examinaba con sus ministros las consecuencias de una u otra medida, el general Miguel Miramón quitó a Félix Zuloaga la jefatura del gobierno conservador y puso sitio a Veracruz, aunque sin éxito. El mismo día que cesó el asedio al puerto desembarcó el diplomático norteamericano Robert McLane, quien otorgó a la administración de Juárez el reconocimiento de su gobierno y empezó a discutir con Melchor Ocampo las bases para un tratado. Los conservadores denunciaron el reconocimiento y protestaron de antemano contra cualquier compromiso que entrañara una enajenación territorial. El asunto suscitó una violenta controversia que retrasó las negociaciones; a principios de julio, Juárez se decidió por las Leyes de Reforma: nacionalizó los bienes del clero, separó la Iglesia del Estado, legalizó la exclaustración de monjes y frailes y previó la extinción de las corporaciones ecle-

*En el año de 1863 el presidente
Don Benito Juárez tomó por residencia
varias ciudades de México para defender la
República contra la Intervención Francesa.*

siásticas, implantó el registro civil y secularizó los cementerios y las fiestas públicas. Sin embargo, McLane advirtió que los Estados Unidos no concederían un empréstito con la garantía de los bienes del clero. Esto hizo ineludible reanudar las negociaciones: la compra de la Baja California fue descartada porque resultaba dudoso que semejante operación pudiese hacerse cuando un gobierno estaba combatiendo a otro por la posesión del territorio; pero, en virtud de la inestabilidad del país, resultaba indispensable, a juicio de McLane, proteger las concesiones de tránsito para las tropas norteamericanas. Tras algunos incidentes, McLane y Ocampo firmaron el tratado que lleva su nombre y por el cual, en resumen, se aseguraba al gobierno de los Estados Unidos el derecho de paso por el Istmo de Tehuantepec, a perpetuidad; la construcción de una vía férrea en el área noroccidental del país y el derecho de proteger esas comunicaciones con sus propias fuerzas militares. México recibía en cambio la promesa de dos millones de dólares en efectivo y dos en créditos, a cuenta de indemnizaciones. El gobierno conservador protestó formalmente ante el gobierno de Washington, en el propio campo liberal hubo tremendas críticas contra Juárez y sus ministros por lo que juzgaban como una "incalculable traición". Sin embargo, la validez del convenio dependía de la aprobación del Senado norteamericano, condición que no llegó a cumplirse debido a la violenta reacción de la opinión pública de los Estados Unidos contra un sucio tratado de despojo.

El Gobierno Constitucional resistió en Veracruz un segundo sitio puesto a la plaza por Miramón en marzo de 1860, esta vez apoyado por dos barcos pequeños que había comprado en La Habana, pero que fueron detenidos por fuerzas navales norteamericanas. Las presiones del ministro de Inglaterra, mister Mathew, preocupado por arreglar la paz mediante el establecimiento de un gobierno que conciliara los bandos en pugna, así como las flaquezas de sus amigos, en especial de don Santos Degollado, que llegó a pedirle su renuncia como fórmula de la pacificación. Después de la victoria de los liberales en Guadalajara, el 29 de octubre, Juárez expidió la Ley de Libertad de Cultos y convocó al Congreso, seguro como estaba ya de su triunfo.

Miramón fue derrotado en Calpulalpan por el general Jesús González Ortega, el 22 de diciembre de 1860. Miramón se retiró a la ciudad de México, en donde no contando ya con elementos para continuar la lucha, entregó la ciudad al Ayuntamiento. El caudillo, vencido, salió a La Habana, de donde pasó a Francia. El 1o. de enero de 1861 hizo su entrada triunfal en México el general don Jesús González Ortega al frente de 30,000 soldados liberales, con lo cual terminó la guerra de Tres Años, iniciada con el golpe de Estado de Comonfort.

Las dificultades a las que iba a enfrentarse Juárez en la capital eran graves: la oposición violenta de la prensa radical; el destierro de los obispos beligerantes y la expulsión de los diplomáticos de España, la Santa Sede, Guatemala y el Ecuador, por haberse mostrado partidarios de los conservadores; las reclamaciones francesas expuestas por el ministro plenipotenciario Dubois de Saligny, una vez que hubo presentado sus cartas credenciales a mediados de marzo; el pago de los créditos exteriores consolidados, especialmente los ingleses, que absorbían casi por completo el producto de las aduanas; la miseria en que se hallaba el erario, al punto de que el propio Juárez disminuyó el monto de sus modestos honorarios; la agitación política previa a la elección presidencial, que a la postre lo reeligió un tanto ilegalmente, por lo que don Melchor Ocampo y el general don Jesús González Ortega renunciaron a sus cargos y se retiraron a la vida privada; y las muertes de Manuel Gutiérrez Zamora, aquel ilustre gobernador de Veracruz que tanto lo protegió, del licenciado Miguel Lerdo de Tejada, autor de las Leyes drásticas de Reforma, de Ocampo, de Degollado y de Leandro Valle, estos tres últimos a manos de las gavillas reaccionarias, pues Márquez, Mejía, Vicario, Cobos y otros jefes continuaban en campaña. En tales circunstancias, el 19 de junio expidió un decreto, por el cual se suspendía por dos años el pago de la deuda exterior. Esto dio oportunidad al ministro de Francia para romper relaciones diplomáticas con México y precipitar así la intervención, y a los conservadores exiliados en Europa, para reactualizar sus proyectos de Monarquía y otros graves sucesos internos.

Los gobiernos de Inglaterra, Francia y España firmaron un convenio en Londres, el 31 de octubre de 1861, para intervenir en México y asegurar el pago de sus créditos. Fuerzas militares de esas tres potencias desembarcaron en Veracruz entre el 17 de diciembre de 1861 y 8 de enero de 1862. Juárez, por conducto de los secretarios Zamacona y Doblado, consiguió llevar el conflicto al terreno de las negociaciones. Sin embargo, el 9 de abril se rompió la alianza; los ingleses y los españoles se retiraron, y los franceses emprendieron su avance hacia el interior del país. El 20 de abril del mismo año de 1862, los franceses entraron a Orizaba, antes, el día 12, el Presidente Juárez expidió un manifiesto formulado en los términos siguientes: "Mexicanos: el supremo magistrado de la Nación os invita a secundar sus esfuerzos en defensa de la independencia. Cuenta para ello con todos vuestros recursos, con toda vuestra sangre y está seguro de que, siguiendo los consejos del patriotismo, podremos consolidar la obra de nuestros padres. Espero que preferirán todo género de infortunios y desastres, al vilipendio y al oprobio de perder la independencia y de consentir que extraños vengan a arrebatarnos nuestras instituciones y a intervenir en nuestro régimen interior. Tengamos fe en la justicia de nuestra causa, tengamos fe en nuestros propios esfuerzos y unidos salvemos la independencia de México, haciendo triunfar no sólo a nuestra Patria, sino los principios de respeto y de inviolabilidad de la soberanía de las naciones".

El ejército francés fue rechazado en Puebla, el 5 de mayo de 1862, pero el 17 de mayo del siguiente año tomó esa plaza, después de un sitio de sesenta y dos días. Juárez salió de la ciudad de México el 31 de mayo de 1863, rumbo a San Luis Potosí, donde permaneció hasta el 22 de diciembre. Allí se ocupó de organizar la defensa nacional, poniendo en pie de guerra a 38,000 hombres en todo el país; asimismo, expidió circulares advirtiendo a los jefes del ejército que debían respetar la propiedad privada y los bienes y caudales del gobierno federal, y prohibió a los Gobernadores acuñar moneda e imponer contribuciones que no estuvieran legalmente autorizadas. Después, se dirigió a Saltillo y luego a Monterrey, de cuya plaza huyó el gobernador Santiago Vidaurri, quien poco después se adhirió al Imperio. Luego, Juárez marchó a Camargo, a Chihuahua y a Paso del Norte. Durante todo el tiempo que duró la guerra, Juárez fue casi unánimemente reconocido como Presidente de la República por los gobiernos de los Estados. Por eso, es digno de notar la lealtad, obediencia y abnegación de los generales que, diseminados por todo el país, se mantuvieron fieles al gobierno presidido por Juárez.

El 8 de noviembre de 1865, Juárez expidió dos decretos. En el primero dispuso que se prorrogara durante todo el tiempo necesario las funciones del Presidente de la República, fuera del periodo ordinario constitucional, lo cual constituyó un verdadero golpe de Estado y la primera violación a la Constitución de 1857; como el general González Ortega protestó, el segundo decreto fue para hacerlo responsable del delito de cargo de Presidente de la Suprema Corte de Justicia. Siguiendo los azares de la guerra, Juárez estuvo en diferentes plazas del norte del país y en San Luis Potosí, el 11 de marzo de 1867, lugar donde recibió la noticia del triunfo de las fuerzas republicanas en Querétaro. Durante todo ese tiempo, la lucha contra los intervencionistas y los imperialistas fue obra del pueblo.

Maximiliano, Miramón y Mejía fueron ejecutados en Querétaro el 19 de junio de 1867. Juárez les negó el indulto, *"por oponerse a tal acto de clemencia las más graves consideraciones de justicia y la necesidad de asegurar la paz de la nación"*. El 21 siguiente capituló la guarnición de la ciudad de México y el 27 se rindió Veracruz. Así, finalmente, Juárez, con su gabinete, hizo su entrada triunfal en la capital de la República el 15 de julio de aquel año de 1867.

Al concluir la guerra, Juárez fijó toda su atención en tres objetivos principales: el arreglo del ejército, de la hacienda pública y la reorganización constitucional de los Poderes Federales. En tal virtud, Juárez procedió desde luego a normalizar la administración y a reducir al ejército, que absorbía casi todo el erario, dejando sólo 30,000 hombres, con quienes se formaron cinco divisiones, lo cual produjo el descontento de muchos militares.

Juárez fue reelecto en 1867 y en 1871. Desde el triunfo de la República, los liberales se habían dividido en tres grupos: juaristas, lerdistas y porfiristas. Don Miguel Lerdo de Tejada era presidente de la Suprema Corte de Justicia, y el general Porfirio Díaz se había retirado a su pequeña propiedad rústica de La Noria, cercana a la ciudad de Oaxaca. Sin embargo, el 1o. de octubre de 1871, aun cuando la gran mayoría de los diputados habían votado por la reelección de Juárez, un grupo de jefes y oficiales porfiristas integrado por Negrete, Toledo, Cosío Pontón y otros, declararon que las elecciones habían sido fraudulentas y se levantaron en armas.

Porfirio Díaz permanecía retirado en La Noria, pero sus amigos y compañeros sublevados lo comprometieron a proclamar un plan revolucionario, el 8 de noviembre de 1871, en el cual se proponía la suspensión del orden constitucional y que al triunfo del movimiento se nombrara presidente provisional y se revisara la Constitución. El Plan de La Noria terminaba diciendo: "Que ningún ciudadano se imponga y perpetúe en el Poder y ésta será la última revolución".

Aunque fue secundado por algunos jefes militares, el Plan de la Noria no era popular, porque entrañaba reformas a la Constitución. Los generales levantados en armas fueron derrotados por las tropas del gobierno mandadas por los generales Sóstenes Rocha e Ignacio Alatorre. Díaz, sin embargo, reapareció en Tepic y empezó a reunir nuevos elementos para reanudar la campaña, cuando de pronto la nación recibió con sorpresa la noticia de la muerte del Presidente Juárez, ocurrida inesperadamente, el 18 de julio de 1872, a causa de una afección cardíaca. Este hecho provocó una fuerte impresión en el pueblo, que dejó las armas de la lucha civil, pues había desaparecido la causa de la rebelión.

Sin duda, Juárez es uno de los hombres más prominentes de México. No tenía dotes intelectuales notables, pero su gran mérito estriba en las prendas de su carácter. La firmeza de sus principios era inquebrantable; por sostenerlos estuvo siempre dispuesto a toda clase de esfuerzos y sacrificios. La adversidad fue impotente para doblegarlo. Honrado a carta cabal, despreció cuantas ocasiones se le presentaron de enriquecerse durante su prolongado gobierno. Sus muestras de demasiado apego a su permanencia en el poder, se debieron siempre a sus impulsos patrióticos. Por otra parte, es necesario reconocer que las condiciones especiales del país hicieron que Juárez gobernara casi siempre haciendo uso de facultades extraordinarias, creando así una dictadura de tendencias democráticas.

PORFIRIO DIAZ

El general Porfirio Díaz nació en la ciudad de Oaxaca, según la fe de bautismo que dice: *"El suscrito, cura del Sagrario Metropolitano, certifica en debida forma que en el libro 77 de bautismos celebrados en dicha parroquia, folio 164, se registra la siguiente partida que a la letra dice: En la capital de Oajaca, a quince de septiembre de mil ochocientos treinta. Yo el Teniente de Cura, bauticé solemnemente a José de la Cruz Porfirio, hijo legítimo de José de la Cruz Díaz, y Petrona Mori; Abuelos paternos, Manuel José Díaz y María Catarina Orosco; Maternos, Mariano Mori, Tecla Cortés; fue padrino el señor cura de Nochistlán, Lic. José Agustín Domínguez, a quien recordé su obligación y lo firmé con el S.C.S. Luis Castellanos. Rúbrica.—José María Romero.—Rúbrica."*

Don José de la Cruz, una especie de veterinario empírico, tenía alquilado el mesón de La Soledad, pero víctima del cólera que invadió a Oaxaca, murió en mayo de 1833, cuando Porfirio tenía tres años, y Félix estaba en la lactancia, con ellos y sus tres hijas, doña Petrona, viuda, permaneció en el mesón de La Soledad. Situado en la calle de La Soledad, de ahí su nombre, el mesón era una casa de un solo piso, en donde había un banco de herrar, corrales y establos para bestias; cuartos y fonda para arrieros y viajeros comerciantes. La vida era muy pesada y la pobreza tocaba a diario en la puerta. Doña Petrona, india mixteca, muy inteligente, pronto aprendió bien a leer y a escribir, así es que, además de alquilar cuartos y corrales, hilar lana y algodón, se daba tiempo para ir a los domicilios a enseñar las primeras letras a los niños.

En cuanto cumplió seis años, Porfirio fue enviado

a la escuela, y luego le siguió su hermano Félix. Su tío y padrino, el canónigo José Agustín Domínguez, lo tomó bajo su cuidado y protección para que ingresase al Seminario Conciliar, con el fin de seguir la carrera del sacerdocio. Cuando apenas tenía trece años, el joven Díaz entró al Seminario, con carácter de alumno externo, por no tener dinero suficiente para cubrir sus gastos de alimentación; pero debe haber sido un alumno aprovechado, pues al poco tiempo estuvo en capacidad de enseñar las primeras declinaciones latinas al hijo del licenciado Marcos Pérez, hombre de gran preparación e ideas liberales, muy amigo de don Benito Juárez. Las pláticas constantes con el licenciado Pérez hicieron que Díaz resolviera dejar los estudios religiosos y adoptara el pensamiento liberal. Abandonó el Seminario, con gran disgusto de su padrino y protector el canónigo Domínguez, pues hasta le recogió unos libros piadosos que le había obsequiado, e ingresó al Instituto del Estado para seguir la carrera de Leyes. En esa institución docente conoció y trató con mucha frecuencia y respeto al licenciado Juárez, quien era entonces el Director. La situación económica de la familia de Díaz era precaria; doña Petrona tuvo que traspasar el mesón, vender algunas pocas cosas que le había dejado su marido y mudarse a un local menor, que se conocía como *"El solar del Toronjo"*. Por eso, Porfirio Díaz tuvo que trabajar dando clases particulares, así como en los oficios de zapatero remendón, haciendo huaraches y en un banco de carpintería. El muchacho era de buena estatura, muy amante de los ejercicios al aire libre, muy buen nadador y con una musculatura y resistencia de hierro, formal y de buen trato, por lo que el mismo licenciado Juárez le consiguió el empleo de bibliotecario de la no muy abundante colección del Instituto, recibiendo 25 pesos al mes. A su vez, el licenciado Pérez le encargó algunos asuntos de trámite judicial, porque Díaz ya era pasante de Derecho; no se pudo nunca recibir debido a la carencia de dinero y porque lo impidieron los acontecimientos políticos del país.

Después del triunfo de los sublevados con el Plan del Hospicio en Guadalajara, el general Santa Anna regresó al poder, iniciando una seria persecución en contra de sus enemigos. Por dicha causa, el licenciado Marcos Pérez fue puesto en prisión, razón por la cual, cuando Santa Anna quiso darle forma legal a su gobierno y convocó a un plebiscito, Porfirio Díaz se negó a firmar. Sin embargo los santanistas de Oaxaca dijeron que Díaz no votaba porque tenía miedo, ante esto, Díaz levantó la voz, y fue el único, para reconocer la dignidad del Plan de Ayutla y del general Juan Alvarez, que lo encabezaba. A partir de ese momento Díaz fue perseguido; reunió a algunos amigos y se levantó en armas, declarándose adicto al Plan de Ayutla; atacó a una partida de soldados que se encontraban descansando en la noria de la cañada de Teotongo, pero sin éxito, porque sus hombres se dispersaron.

Díaz siguió en campaña; al triunfo de la revolución fue nombrado por las nuevas autoridades jefe político del Distrito de Ixtán en donde, además de encargarse de la parte administrativa, por cierto muy eficientemente, se ocupó de levantar una milicia a la que él mismo le dio preparación, pues sabía bastante ya que había participado en un contingente de voluntarios que se alistaron para luchar contra los norteamericanos en 1847, aunque finalmente no llegaron a tomar parte en los combates por haber sobrevenido la paz. Además, cuando Juárez era Director del Instituto Científico de Oaxaca, estableció un curso de Táctica, impartido por el teniente coronel Ignacio Uría, con mucho éxito, al cual asistió Porfirio Díaz y obtuvo muy buen provecho, como posteriormente lo demostró organizando y distribuyendo tropas, desde la guerrilla hasta efectivos mayores. Una de las características de la revolución de Ayutla fue que hizo desaparecer al ejército permanente, sustituyéndolo con la Guardia Nacional. Díaz, cuando fue jefe político de Ixtán, como se dijo en líneas anteriores, alistó la Guardia Nacional de ese Distrito, más no como un aparato de adorno sino como un elemento útil que entró en acción al salvar a la aldea de Villa Alta, en las cercanías del Papaloapan, amenazada por las milicias juchitecas que se habían alzado en armas contra el gobierno local. El gobernador del Estado, don Benito Juárez, se dio cuenta de lo que valían los voluntarios de Porfirio Díaz y ordenó se les dieran armas, municiones y equipo, disponiendo al mismo tiempo que a Díaz se le otorgara el grado de capitán de la Guardia Nacional de Oaxaca.

Al producirse en México el golpe de Estado de Comonfort, a principios de 1858, los conservadores de Oaxaca se pronunciaron entonces por el Plan de Tacubaya, levantándose en armas el teniente coronel José María Salado. El capitán Díaz, que estaba encuadrado en una brigada a las órdenes del coronel José Manuel Velasco, resolvió actuar de inmediato y marchó contra los rebeldes con dos compañías, sorprendiéndolos en Ixcapa. Los negros costeños de Salado pusieron en aprietos a los Guardias Nacionales, valientes y conocedores del terreno, hasta que fueron llegando más tropas del gobierno y auxiliaron a Porfirio Díaz, la derrota de los reaccionarios fue completa. En la batalla quedó muerto el teniente coronel Salado y Porfirio Díaz fue recogido gravemente herido, con un balazo en el abdomen. El doctor Esteban Calderón, que trabajaba en una hacienda azucarera cerca de Ixcapa, fue el primero que lo atendió, ya infectada la herida. Pero gracias a la excelente constitución física del capitán, pronto se recuperó para tomar parte de inmediato en nuevos acontecimientos, ya que el 28 de diciembre de 1857, la ciudad de Oaxaca fue ocupada por las fuerzas de los reaccionarios Moreno, Vicario, Conchado y los hermanos José María y Marcelino Cobos. El gobernador del Estado, don José María Díaz Ordaz y los Guardias Nacionales a las órdenes del teniente coronel don Ignacio Mejía, se refugiaron en los conventos de Santo Domingo, el Carmen y Santa Catarina. Porfirio Díaz, quien todavía no sanaba de su herida, recibió la orden de mantener la posición de Santa Catarina, a como diese lugar. Díaz seleccionó los puntos más importantes del lugar que ocupaba y los hizo atrincherar sólidamente; por ello, los ataques lanzados contra Santa Catarina por los reaccionarios, fracasaron. A su vez, el capitán Díaz atacó, aunque sin éxito, la fortificación de los conservadores en una esquina tácticamente importante, llamada del Cura Unda. Sin embargo, a partir de esa fecha, 8 de enero de 1868, los ataques se repitieron y los liberales recuperaron toda la ciudad. Corrió la noticia de que entre el montón de muertos que había dejado el enemigo estaba el de Marcelino Cobos, pero no era verdad, pues el tal Co-

El general Porfirio Díaz tuvo grandes éxitos
militares durante la campaña contra la
Intervención Francesa en México.

bos reapareció al poco tiempo con su hermano. Como la sede de frecuentes insurrecciones era la región tehuana, el teniente coronel Ignacio Mejía ordenó que el capitán Díaz quedase como gobernador y comandante militar en Tehuantepec, con un batallón, un escuadrón y cuatro cañones. Los que mantenían en estado de alarma esa región eran los "*patricios*", milicia religiosa regional mandada por un antiguo "carlista" español llamado José Manuel Colchado. Dicha milicia estaba formada por miles de voluntarios. Díaz los logró sorprender en un punto llamado "Las Jícaras", derrotándolos completamente y Colchado quedó entre los muertos. Al contrario de lo que se puede creer, el gobierno no otorgaba entonces los ascensos tan fácilmente; el capitán Díaz, vencedor en "*Las Jícaras*" y participante distinguido en muchas acciones, ascendió a Comandante hasta el día 22 de junio de aquel año de 1868.

Díaz se quejaba constantemente de la bala que se le había quedado encajada entre las costillas, pues le impedía correr, fajarse el cinturón con el sable y acostarse sobre el lado izquierdo. Por el mes de abril llegó a La Ventosa un barco de guerra norteamericano con armas y equipo para las tropas del gobierno; un día, platicando a la hora de la comida, Díaz habló de su herida y entonces el médico de a bordo se ofreció a extraerle la bala, operación que llevó a cabo rápidamente y el comandante Díaz pronto sanó.

En el centro del país las cosas volvían a ponerse mal. La capital de Oaxaca cayó de nuevo en poder de los conservadores del Plan de Tacubaya y el Gobierno Constitucional tuvo que retirarse a Ixtlán. Díaz había levantado en Tehuantepec una flamante

Guardia Nacional con juchitecos y chiapanecos, y con ella recurrió en auxilio del gobierno, aunque sus milicianos no dieron buen rendimiento debido a su escasa preparación. Pero al fin y al cabo logró incorporársele a los constitucionales en Tlalixtac, avanzando en conjunto con la intención de recuperar la ciudad de Oaxaca mediante una serie de acciones de armas desarrolladas desde fines de enero hasta principios de mayo de 1859. Los jefes reaccionarios aumentaban cada día más sus fuerzas y seguían con cuidado los movimientos de las tropas del gobierno a las órdenes del general Ignacio Mejía. Un destacamento que mandaba Porfirio Díaz fue alcanzado por el enemigo en la llanura de Ixtepeji. Díaz desplegó sus tropas y colocó a retaguardia su caballería. Sus infantes detuvieron al enemigo, en un número superior, mientras que los jinetes lo atacaron por un flanco. La derrota de los reaccionarios fue completa, abandonaron muchas armas con las cuales Díaz armó a nuevas tropas que alistó y disciplinó en la sierra, lanzando un ataque intempestivo sobre Oaxaca, de la cual se apoderó en mayo de 1860. Entonces, el gobierno legal, presidido por el licenciado Juárez, tuvo a bien otorgarle al ciudadano teniente coronel Porfirio Díaz el grado inmediato superior, por méritos distinguidos en campaña.

Entre tanto el general-presidente conservador, don Miguel Miramón, había sido derrotado definitivamente en los llanos de San Miguel de Calpulalpan, entre México y Querétaro, por los generales don Jesús González Ortega y don Ignacio Zaragoza. Juárez, con el Poder Ejecutivo, entró triunfante a la capital en enero de 1861.

En Oaxaca el coronel Díaz enfermó de tifo y se puso muy grave, sin embargo, su fuerte constitución física le permitió salir del peligro y pronto restablecerse. Luego fue designado diputado federal por el distrito de Ocotlán, de su Estado natal. Este nombramiento lo obligó a establecerse en la ciudad de México, sede del Congreso.

El 24 de junio de 1861, se supo que el jefe conservador Leonardo Márquez se encontraba amenazadoramente en las cercanías de la capital, con bastantes tropas. Los diputados, en un gesto un tanto sofisticado, resolvieron no moverse de sus curules, con el fin de que si entraba Márquez, los encontrase allí cumpliendo con su deber. El coronel Díaz, realista, pidió de inmediato el mando de las tropas acantonadas en el convento de San Fernando; alcanzó a las de Márquez, que habían avanzado hasta San Cosme, y atacándolas con energía, las rechazó. Al día siguiente, el gobierno lo nombró Comandante de la Brigada de Oaxaca, en sustitución del general Ignacio Mejía, quien se encontraba enfermo. El coronel Díaz, con su brigada, quedó a las órdenes directas del general Jesús González Ortega, participando muy activamente en la persecución de las partidas conservadoras mandadas por el propio Márquez, a quien alcanzó en Jalatlaco, derrotándolo por completo. Por estas exitosas operaciones y por su actividad y energía en la campaña, el coronel Díaz fue propuesto para el grado inmediato, el 13 de agosto de 1861. Dos meses después logró derrotar a Márquez nuevamente, en Real del Monte y en Pachuca.

A fines de 1861 y principios de 1862, los barcos de guerra de España, Francia e Inglaterra, fondearon en la isla de Sacrificios. Con el fin de evitar pretextos, el gobierno nacional dispuso que el puerto de Veracruz fuera evacuado. Los aliados de la Convención de Londres ocuparon la plaza para exigir al gobierno de Juárez cubriese las reclamaciones en dinero y satisfaciese los agravios. Como el clima en la costa resultaba mortal para los extranjeros, las fuerzas europeas obtuvieron del gobierno mexicano la autorización de ocupar Córdoba, Orizaba y Tehuacán, bajo la condición de que, si no se llegaba a un arreglo, regresarían al puerto de Veracruz como base de partida. Los tratados en que se otorgaban esas concesiones y por los cuales también los europeos reconocían como único gobierno legalmente constituído el presidido por el licenciado Juárez, fueron firmados en un villorrio veracruzano, llamado La Soledad.

Las tropas mexicanas, entre ellas la brigada de Oaxaca, se desplegaron para estar en observación, desde Jalapa hasta las Cumbres de Acultzingo. Los ministros plenipotenciarios de España y de Inglaterra se dieron cuenta de que se estaba procediendo injustamente contra México, por lo cual ordenaron el retiro de sus tropas. Entonces sólo se quedaron los franceses, quienes desconocieron lo convenido en La Soledad y se marcharon de Orizaba hacia el interior del país, rumbo a la ciudad de México.

El general don Ignacio Zaragoza, comandante del Cuerpo de Ejército de Oriente, encargado de cubrir la vigilancia en las Cumbres de Acultzingo, ordenó al general Díaz que con su brigada marchase a Izúcar, con el fin de combatir a Leonardo Márquez e impedirle su unión con los franceses. Habiendo llegado adelante de Tehuacán, Díaz recibió un despacho en el cual se le comunicaba regresase de inmediato a las Cumbres, ya que el enemigo avanzaba. Con sus dos batallones, muy fatigados por esas marchas y contramarchas, llegó Díaz a Acultzingo en los momentos en que se producía la desbandada de las tropas de Zaragoza, quien ordenó a Díaz tomar posiciones en el Puente Colorado para detener a los franceses. El general Díaz y su brigada así lo hicieron, y con éxito: caía la noche, los franceses se detuvieron ante el fuego graneado de los soldados de Oaxaca. Así la fuga de los mexicanos se convirtió en una retirada ordenada hacia Puebla, atacada por los franceses el día 5 de mayo, siendo rechazados por los defensores de los fuertes de Loreto y Guadalupe. La brigada de Oaxaca estaba alineada en la llanura, entre la falda del cerro de Guadalupe y un lugar llamado la ladrillera de Azcárate. Los franceses intentaron entonces un envolvimiento, enfrentándose con Porfirio Díaz y sus soldados, que los hicieron retroceder. Díaz tomó la ofensiva hasta que recibió la orden perentoria de Zaragoza de regresar a las posiciones.

Los franceses se retiraron a Orizaba lentamente y sin ser molestados. Con las tropas del Centro que llegaron a Puebla a las órdenes del general González Ortega, se intentó lanzar un ataque sorpresivo sobre Orizaba, pero fue rechazado por los franceses en el cerro del Borrego.

El general don Ignacio Zaragoza murió en Puebla, a causa de la fiebre tifoidea, el 8 de septiembre del mismo año de su triunfo; fue sustituido en el mando del Ejército de Oriente por el general González Ortega. Los franceses permanecieron diez meses en Orizaba, en donde recibieron muchos refuerzos para tomar la ofensiva el 18 de marzo de 1863. Avanzaron sobre Puebla, que había sido puesta en estado de defensa. Rehuyeron los fuertes de Loreto y Guadalupe y se aproximaron a ponerle sitio, pero la línea de circunvalación que resultaba era tan larga, que sus destacamentos quedaban alejados entre sí. El general Díaz, que observaba la labor del enemigo y el defecto en su línea, propuso al mando que se lanzase un ataque masivo sobre uno de los destacamentos aislados, con lo cual se rompería el peligro de un sitio y se amenazaría la línea de comunicaciones del enemigo. Pero el general González Ortega rechazó la proposición y los franceses, con más efectivos que les llegaron, pudieron ponerle sitio a la plaza. Y precisamente el mando francés decidió lanzar un ataque general sobre el sector de San Agustín, defendido por Porfirio Díaz y sus soldados, quienes, victoriosamente, rechazaron a las potentes fuerzas de asalto enviadas por el enemigo en repetidas ocasiones, durante tres días. La heroica resistencia de las tropas de Oaxaca y de su valiente jefe hicieron recapacitar al mando enemigo para hacer rendir a la plaza por hambre, más no por acción directa.

El sitio de Puebla se prolongó hasta el 18 de mayo, en que, carente de provisiones y de material de guerra, el general Jesús González Ortega, sin esperanza de poder ser auxiliado y después de un último consejo de guerra, resolvió rendirse sin condiciones con su cuadro de jefes y oficiales, quienes llamaron la atención del enemigo por su juventud y su heroico comportamiento.

Aunque algunos jefes franceses opinaban que los prisioneros debían ser deportados a Cayena, otros, los más, declararon que a Cayena iban los criminales y no los defensores de su patria. Entonces, cuando iban a ser enviados a Francia, Porfirio Díaz y otros jefes lograron fugarse y se presentaron en la ciudad de México al Supremo Gobierno. El Presidente Juárez le ofreció a Díaz la cartera de Guerra, pero no aceptó argumentando que prefería luchar con las armas en la mano.

Al avanzar los franceses sobre la capital, el gobierno la abandonó para establecerse en San Luis Potosí. El general Díaz, al mando de una brigada, tomó parte en esa retirada que resultó desastrosa. La mayoría de las tropas desertaron debido a la falta de provisiones y de paga. El presidente Juárez, desde San Luis, dio el mando del Ejército al general Felipe Berriozábal, quien trató de reorganizar aquellos grupos informes de hombres y material. El general Díaz fue nombrado Comandante del Ejército de Oriente, cuyo campo de operación sería los estados de Oaxaca, Veracruz, Chiapas, Tabasco, Yucatán y Campeche.

Después de entrar a la ciudad de México, sin resistencia, los franceses y sus colaboradores se empezaron a extender por el interior del país, de modo que cuando el general Díaz, con cerca de dos mil hombres salió de Querétaro por Acámbaro para buscar el camino a Oaxaca, todo el territorio estaba en poder del enemigo. Sin embargo, a fines de 1863, la brigada de Porfirio Díaz ya estaba en la Antequera. Ahí destituyó al gobierno, porque estaba en tratos con el enemigo y designó en su lugar al general José María Ballesteros, quien mucho lo ayudó para levantar más tropas y elementos para una campaña que iba a ser muy prolongada. Aislado por completo del

Gobierno Republicano que se encontraba muy al norte, todo lo que hacía el comandante del Cuerpo de Ejército de Oriente quedaba bajo su estricta responsabilidad. Intentó apoderarse por sorpresa de Tehuacán, pero fracasó porque el enemigo recibió muchos refuerzos.

Por aquellos días, llegó a Oaxaca el licenciado Manuel Dublán, pariente político del licenciado Juárez, quien iba comisionado personalmente por Maximiliano, con el fin de atraer a Porfirio Díaz al bando del imperio, ofreciéndole el grado de divisionario y el mismo cargo que le tenía dada la república. Díaz dio las gracias, pero rechazó el ofrecimiento, el cual se le volvió a formular por conducto del general José López Uraga, quien se había convertido en imperialista. Sin embargo, fue el último mensajero pues Díaz le advirtió a Maximiliano que fusilaría al siguiente emisario.

El general Bazaine, comandante de las tropas francesas, decidió entonces terminar con la resistencia republicana en Oaxaca, marchando personalmente con numerosos efectivos contra esa plaza. Díaz intentó hacerle frente al enemigo en campo abierto, pero fracasó porque sus tropas no se encontraban, ni en número ni en instrucción, en posibilidad de obtener éxito. Los franceses y sus aliados cercaron Oaxaca, pero el general Díaz, advirtiendo la inutilidad de la resistencia y los males que podían acarreársele a la ciudad sin ninguna razón militar, se rindió con su pequeña guarnición, el 8 de febrero de 1865.

Prisionero, el general Díaz fue conducido a Puebla, donde se le encarceló en el cuartel de Santa Catarina, pero de ahí logró fugarse algún tiempo después, para ir a esconderse al rancho de un amigo, en el estado de Guerrero, donde se le unieron catorce hombres, pie veterano del nuevo Cuerpo de Ejército de Oriente.

Operando con mucha habilidad, el general Díaz no tardó en tener a su mando un contingente de cinco batallones, seis escuadrones y doce piezas de cañón, con los que llevó a cabo una serie de acciones venturosas, de las cuales la gran victoria de Miahuatlán le permitió avanzar a Oaxaca, y con la de La Carbonera, impidió que llegaran refuerzos a los imperialistas de esa plaza, por lo que su comandante, ya sin esperanza de recibir auxilios, se rindió el 31 de octubre.

Al frente de un poderoso ejército y teniendo todo el sur bajo su control, el general Díaz decidió avanzar hacia el norte, marchando en dirección a Puebla, pero de modo de no encontrarse con las columnas francesas que iban a Veracruz para embarcarse de regreso a su país.

Con el fin de no dejar completamente solo al Archiduque Maximiliano, el mariscal Bazaine intentó de nuevo proponerle al general Díaz armamento, municiones, equipo y dinero, haciéndole ver la conveniencia de alistarse al servicio del imperio. Maximiliano, por su parte, le ofreció entregarle la ciudad de México como garantía. Sin embargo, Porfirio Díaz rechazó enérgicamente ambas proposiciones.

Una de las plazas más importantes en poder de los imperialistas era Puebla, por lo que Porfirio Díaz con sus tropas llegó a ponerle sitio. La guarnición resistía, sobre todo cuando supo que Leonardo Márquez iba en su auxilio. El 2 de abril las fuerzas republicanas de Díaz lanzaron un violento ataque y Puebla cayó en su poder. Entonces Márquez retrocedió hacia Mé-

*El pueblo mexicano protesta violentamente
contra la continuidad del
general Porfirio Díaz en el poder.*

xico, pero fue alcanzado por Díaz en la hacienda de San Lorenzo, Puebla, el 10 de abril, y luego perseguido hasta Texcoco, desde donde Díaz inició el bloqueo de la ciudad de México, sin que Márquez pudiera impedirlo.

Por esos días llegó a México la noticia de que el sitio de Querétaro había terminado con la prisión de Maximiliano, Miramón y Mejía. Los voluntarios austríacos se rindieron ante Porfirio Díaz, quien los trató con atención, aunque los tuvo presos. Márquez logró escapar de la ciudad de México para ir a refugiarse en La Habana. El general Tavares, comandante imperialista de México, rindió la plaza el 20 de junio. Porfirio Díaz tomó posesión de la capital sin que sus tropas cometieran el menor atropello, inclusive ni contra los imperialistas, quienes se fueron entregando pacíficamente. El antiguo general liberal don Santiago Vidaurri, que al final se hizo imperialista y enemigo de Juárez, fue detenido en Tacubaya y tras un corto juicio marcial, se le hizo fusilar. El Gobierno de la República, presidido por el licenciado don Benito Juárez, quedó establecido en la capital el 15 de julio de 1867.

Restablecida la República, el presidente Juárez se hizo reelegir y pretendió aumentar la fuerza del Poder Ejecutivo. Estos sucesos y el retiro de algunos generales, jefes y oficiales, de notables méritos, provocaron graves disgustos entre los liberales. El propio Porfirio Díaz, que había recibido el mando de la 2a. división, estacionada en Tehuacán, manifestó disgusto y pidió su separación del servicio para dedicarse a la agricultura en su hacienda de La Noria, cercana a Oaxaca. La segunda reelección del Presidente Juárez contra las candidaturas del licenciado Sebastián Lerdo de Tejada y del propio Porfirio Díaz, hizo aumentar el descontento y se produjo el levantamiento llamado del "Plan de La Noria", encabezado por Díaz; pero muerto el 18 de julio de 1872 el Presidente Juárez, la rebelión perdió su razón de ser. Recibió la Presidencia el licenciado Lerdo de Tejada por ser ministro de la Suprema Corte, quien después en 1875, fue electo fraudulentamente, con lo cual se produjo tan grave descontento que los porfiristas se levantaron en armas con el "Plan de Tuxtepec", el cual fue reformado por Díaz en Palo Blanco, Tamaulipas, estableciendo el principio de la No Reelección.

Al triunfo de la rebelión de Tuxtepec, Lerdo marchó a los Estados Unidos y Porfirio Díaz fue electo Presidente de la República en mayo de 1877. Entregó el poder a su amigo, el general Manuel González, quien llevó a cabo una gestión desastrosa, entonces, la opinión pública vio con buenos ojos que Díaz fuese designado para el periodo 1884 a 1888. Posteriormente, como el texto constitucional nada decía de la reelección, Díaz ya no abandonó la Presidencia sino hasta 26 años más tarde, en que tuvo que renunciar ante el triunfo de la revolución de 1910, acaudillada por don Francisco I. Madero.

FRANCISCO I.
MADERO

Don Francisco Indalecio Madero González nació el 30 de octubre de 1873 en la hacienda de El Rosario, propiedad de su familia, en el municipio de Parras, Coahuila. Hijo mayor de don Francisco Madero Hernández y de doña Mercedes González Treviño, personas de grandes recursos económicos de la llamada Comarca Lagunera, situada en el sureste del Estado de Coahuila. En casa, junto con sus hermanos, aprendió las primeras letras; después unos cursos complementarios que le dieron una buena preparación, cuando tenía 12 años cumplidos, el joven Madero estuvo en capacidad para sustentar el examen de admisión e ingresar al Colegio de San Juan, en Saltillo, atendido por religiosos de la Compañía de Jesús. Al año siguiente, marchó al Colegio de Mount St. Mary, en Emisburgo, Maryland, Estados Unidos, donde permaneció hasta fines de 1888, en que regresó algunos meses a la casa paterna. Después, en enero de 1889 marchó hacia Europa e inscribirse en la Escuela de Estudios Administrativos y Comerciales, en la ciudad de París. En 1891, regresó a Coahuila, sin haber terminado una carrera completa, se estableció en San Pedro de las Colonias para encargarse de la administración de algunos negocios de su padre, sobre todo agrícolas, en los cuales se dedicó a mejorar los métodos de cultivo mediante el empleo de alguna maquinaria y de semilla seleccionada de algodón. Después de haber recorrido bien la región, observando todos los problemas que se planteaban, escribió un estudio, publicado en 1900, en el que proponía un plan para el aprovechamiento integral de las aguas de los ríos Nazas y Aguanaval en un vasto sistema de riego.

El carácter reposado y la manera de ser bondadosa
y de ayuda al prójimo que tenía don Francisco, no
correspondían precisamente al de una persona amante
de las lides políticas, pero, su misma bondad se rebe-
laba contra la serie de violaciones a las leyes que
hacían los jefes políticos y otros dirigentes. Por ello,
en 1905 se opuso a la reelección del Gobernador de
Coahuila, don Miguel Cárdenas, fundando entonces
el Partido Democrático Independiente y un pequeño
periódico, *El Demócrata*, de publicación irreguar, en
el que Madero, quien era su director, escribió un artículo político llamado *"Vox Populi, Vox Dei"*; en este
manifestaba las razones por las cuales rechazaba la
reelección de Cárdenas. Madero no era ágil escritor
ni de buen estilo, pero los temas que trató fueron
siempre muy interesantes y con desplante de gran
valor civil.

En Francia el joven Madero se había interesado
mucho por los estudios espiritistas en tanto reacción
psicológica, ciencia ésta por aquél entonces bastante
desconocida. Por eso, cuando en México se llevó a
cabo el Primer Congreso Nacional Espírita, en 1906,
don Francisco concurrió a él, con afanes, como hemos
dicho, de carácter psicológico. Con sus propias expe-
riencias y con el pseudónimo de "Bhima", publicó en
1909 un *Manual Espiritista*.

En 1908, el presidente Díaz concedió una entrevista
al periodista norteamericano James Creelman, cuyo
contenido fue primero publicado en inglés en el *Pear-
son's Magazine*, de Nueva York, y luego, por su importancia, fue traducida al español y publicada en el
periódico capitalino *El Imparcial*, el 3 de marzo. Díaz
declaró en dicha entrevista celebrada el 18 de febrero,

que "vería con gusto la aparición de otros partidos políticos", noticia que movió a Madero a escribir su libro *La Sucesión Presidencial de 1910,* impreso en San Pedro de las Colonias durante el mes de octubre, texto que a pesar de ser desordenado y sin estilo, tuvo la virtud de despertar las inquietudes cívicas. Madero expresaba en su libro la urgente necesidad de que el pueblo crease conciencia para participar en las próximas elecciones presidenciales y buscar la salida democrática a los treinta años de dictadura. A la gente le llamó la atención que siendo Madero de familia protegida del régimen, publicara un libro fustigante y productor de inquietudes. Durante los días posteriores a la publicación de su libro, Madero estuvo muy ocupado en contestar la nutrida correspondencia de personas que le comentaban los temas tratados en el libro.

A invitación de muchas personalidades relevantes del país, don Francisco I. Madero viajó a la capital de la República a principios de 1909, fundando entonces el Partido Antirreeleccionista de México, cuya base política fue el enunciado del Sufragio Efectivo y la No Reelección. De inmediato se unieron a Madero los hermanos Francisco y Emilio Vázquez Gómez, ambos con serias ambiciones políticas personalistas, lo cual demostraron al conseguir don Emilio la presidencia del Partido. El propio señor Madero y don Toribio Esquivel Obregón fueron nombrados vicepresidentes; los señores Filomeno Mata, director del *Diario del Hogar,* periódico contrario a la dictadura, Paulino Martínez, el ingeniero topógrafo Félix F. Palavicini y el licenciado José Vasconcelos, como secretarios. El licenciado Luis Cabrera y los señores Octavio Bertrand, Bonifacio Guillén y Félix Xochihua, como vocales. Este selecto grupo lanzó un manifiesto político, invitando a la ciudadanía a reunirse en Clubes Antirreeleccionistas en las diversas ciudades de la República; y una vez constituidos dichos clubes nombrar delegados para una convención en el club central de la ciudad de México, en donde se pondrían de acuerdo para nombrar candidatos a la Presidencia y a la Vicepresidencia de la República.

Impulsados por las declaraciones hechas por el presidente Díaz a la prensa norteamericana, otros grupos políticos, principalmente "porfiristas" formaron asociaciones con el mismo propósito. Entre estos grupos, el más importante fue el Partido Nacionalista Democrático, que postulaba para la vicepresidencia al general Bernardo Reyes, en una planilla en que se respetaba el cargo de Presidente nuevamente para el general Díaz. El general Reyes era el calificado y valioso oponente del licenciado Ramón Corral, candidato de los "Científicos" y del *Círculo de Amigos del general Díaz*". Seguramente al ver el arrastre de Reyes, figura muy popular y prestigiada, el licenciado José Y. Limantour, ministro de Hacienda y cabeza de los "Científicos", hizo presión con Díaz. Reyes, finalmente, declaró oficialmente que no aceptaba su postulación, daba las gracias y recomendaba a sus amigos y partidarios diesen su apoyo decidido al candidato de las simpatías del Poder Ejecutivo. Este suceso produjo el desánimo completo y la desbandada del partido reyista; muchos de sus miembros importantes, se pasaron entonces al Antirreeleccionista, entre ellos don Venustiano Carranza y los hermanos Flores Magón.

Con la desaparición del reyismo ya no había oponente importante, pero los antirreeleccionistas consideraron muy útil entrar en contacto directo con el pueblo, por lo cual encargaron a Madero llevara a cabo una gira de propaganda por las principales poblaciones del país, con el fin de despertar las inquietudes cívicas y dar una explicación del programa del Partido. En este primer viaje, Madero, acompañado por el ingeniero Palavicini, hizo un recorrido siguiendo el itinerario México-Veracruz-Progreso-Mérida-Progreso-Campeche-Tampico-Monterrey-San Pedro de las Colonias-México-Tehuacán-México.

En el curso de este largo itinerario, Madero conoció y trató, en Campeche, al licenciado don José María Pino Suárez, con el que hizo una sólida amistad. Ya habiendo pulsado el ambiente de seguridad que había en el país, Madero llevó a cabo una segunda gira política, acompañado por su señora esposa, doña Sara Pérez de Madero, por don Roque Estrada y por el taquígrafo Elías de los Ríos. El recorrido empezó con un mítin en la ciudad de México, al que concurrieron los antiguos reyistas. De México marcharon a Querétaro-Guadalajara-Colima-Manzanillo-Mazatlán-Culiacán-Navojoa-Alamos-Guaymas-Hermosillo - Nogales-Ciudad Juárez-Chihuahua-Parral. Pero no todo el recorrido fue exitoso, pues hubo plazas en donde la gente permaneció indiferente.

Después de haber descansado algunos días en su casa, Madero inició un tercer recorrido político en Torreón, a fines de marzo de 1910. Su oratoria era poco sólida, aunque muy entusiasta, abordaba temas sobre los cuales no estaba muy bien informado y tampoco se ocupaba en tomar en cuenta los sentimientos

*El Partido Antirreeleccionista de México,
es creado por Francisco I. Madero en 1909.*

del público. En Durango se pronunció contra las Leyes de Reforma; en Zacatecas las autoridades le pidieron que no hablara, para impedir desórdenes; en Aguascalientes fue vitoreado por los trabajadores ferrocarrileros; en San Luis Potosí, la policía impidió el mitin; en León y en Guanajuato se produjeron actos completamente deslucidos.

Algunos Gobernadores y Jefes Políticos, verdaderos caciques o esbirros de un régimen caduco en el que mandaban más las camarillas y no el general Díaz, se ocuparon de perseguir y detener a algunos delegados de los Clubes Antirreeleccionistas que marchaban hacia la capital de la República, con el fin de asistir a una Magna Convención que tendría verificativo el 15 de abril de 1910, en el Tívoli del Eliseo. Ahí se reunieron representantes de los partidos Antirreeleccionista y Nacional Demócrata, procedentes de todos los rincones del país. La instalación de dicha convención estuvo presidida en un principio por el doctor Emilio Vázquez Gómez y después por el licenciado José María Pino Suárez. En la reunión fueron propuestos como candidatos a la Presidencia de la República don Toribio Esquivel Obregón, don Fernando Iglesias Calderón y don Francisco I. Madero, quien obtuvo la mayoría, 153 votos contra 26. Durante los trabajos de la propia Convención se formuló un programa general de gobierno, comprendido en nueve puntos, a saber: 1. Restablecer el imperio de la Constitución; 2. Establecer el principio de la No Reelección; 3. Mejorar la situación de los obreros, combatiendo los monopolios, el alcoholismo y el juego; 4. Fomentar la educación pública; 5. Hacer obras de irrigación y crear instituciones bancarias para impulsar la agricultura y la industria; 6. Garantizar el voto; 7. Impulsar la fuerza del municipio libre; 8. Reorganizar el Ejército; 9. Intensificar las relaciones con el extranjero.

Pocos días antes de la gran convención, el gobernador de Veracruz, don Teodoro Dehesa, por encargo de don Evaristo Madero, arregló una entrevista de don Francisco con el presidente Díaz, probablemente encaminada a buscar un entendimiento. El general Díaz recibió al candidato, pero sin tomarlo en serio y hasta burlándose de él, por lo cual toda posibilidad de acuerdo fracasó. Ese mismo día llegó a México la noticia de que en Saltillo existía la orden de aprehensión contra Madero, acusado de ciertos manejos sucios cuando había sido gerente de la Compañía Ganadera de la Merced. Como las acusaciones eran falsas y, en realidad tenían otra tendencia, Madero, que ya había aceptado su candidatura, tuvo que buscar alojamiento en la casa de un amigo, para escapar a la policía.

Ya como candidato, don Francisco I. Madero comenzó su campaña electoral, el día 7 de mayo de 1910, seguido de un nutrido contingente. Durante el viaje que hizo a Veracruz, se detuvo en Puebla, en donde conoció a don Aquiles Serdán, quien fue su leal partidario y, después, la primera víctima de la Revolución.

La comitiva de la campaña electoral de Veracruz regresó a la ciudad de México y emprendió el viaje al norte llegando a San Luis Potosí y a Saltillo. Pero al arribar después a Monterrey, el día 7 de junio, Madero fue aprehendido en la estación del ferrocarril bajo la acusación de haber protegido la escapatoria de Roque Estrada, a quien buscaba la policía. Sin embargo, Estrada se presentó al día siguiente ante las autoridades; entonces se les declaró formalmente presos a él y a Madero y fueron remitidos a la penitenciaría de San Luis, con el fin de que se les siguiese proceso por intento de asonada y faltas de respeto a las autoridades. La detención de Madero y su sometimiento a la acción penal buscaban excluirlo jurídicamente de las elecciones. De modo que un mes después de realizadas éstas, se le puso en libertad causional, obligado a asistir diariamente a firmar la libreta de presentes.

Las referidas elecciones se llevaron a cabo el primer domingo de julio, mediante votación indirecta. El 1o. de septiembre en su informe anual, el presidente Díaz declaró que dicho evento cívico se había realizado con toda regularidad. Por otra parte, en el bando respectivo, publicado el día 27 del mismo mes, se anunciaba al país la reelección de Porfirio Díaz como Presidente y la elección de Ramón Corral como vicepresidente, para la gestión que abarcaría del 1o. de diciembre de 1910 al 30 de noviembre de 1916.

El Partido Antirreeleccionista se apresuró a presentar una demanda para que nulificaran las elecciones, por no haber estado sujetas a la ley. Pero el Congreso, en pleno, no aceptó tal petición; se deseaba ya dar por terminado el incidente, pues había que atraer la atención mundial con las festividades del Centenario de la iniciación de la lucha por la Independencia.

Detenido en San Luis Potosí, Madero, resolvió levantarse en armas, ya que por el camino electoral nunca se podría actuar ante la dictadura. El 6 de octubre de 1910, en la tarde, con la valiosa ayuda del doctor Rafael Cepeda, Madero tomó el tren a Laredo y de allí se dirigió a San Antonio, Texas, en donde se le unieron sus partidarios Juan Sánchez Azcona, Roque Estrada, Francisco González Garza, Enrique Bordes Mangel y Ernesto Fernández; con ellos redactó un documento revolucionario, denominado "Plan de San Luis Potosí", al cual le pusieron fecha de 5 de octubre, última en que se le vio a Madero en San Luis, con el fin de disimular que dicho plan era lanzado desde el extranjero.

En el Plan de San Luis se acusaba al gobierno de Díaz de violar la Constitución; de mantener una paz sin dignidad; de rechazar el sufragio efectivo y de recurrir a la reelección en forma violatoria del mismo Plan de Tuxtepec, por el que Díaz había llegado al Poder; se declaraban ilegítimas las elecciones, y como la República carecía de gobierno, se reconocía a don Francisco I. Madero como Presidente Provisional, mientras se designaban nuevas autoridades conforme a la ley. En consecuencia, se fijaba el domingo 20 de noviembre, a las 6 de la tarde, para que todas las poblaciones se levantasen en armas conforme a un plan que contenía once puntos, en los cuales se consideraba la no reelección del Presidente y Vicepresidente de la República, de los Gobernadores y de los Presidentes Municipales; la restitución de tierras a sus antiguos propietarios indígenas; el nombramiento de autoridades, tan pronto como una ciudad o pueblo se levantase en armas, lo mismo que Gobernadores en cada Estado; la invitación al Ejército para unirse al Plan de San Luis, y por último, convocar a elecciones generales una vez que la capital y más de la mitad de los Estados estuvieran en poder de las fuerzas revolucionarias.

Una vez revisado e impreso el Plan de San Luis, fue enviado a diferentes partes del país para promover la rebelión. Madero nombró Gobernadores revolucionarios provisionales; en Chihuahua, a don Abraham González; en Sonora, don José María Maytorena; en Sinaloa, don Manuel Bonilla; en Zacatecas, don Guadalupe González; en Aguascalientes, don Alberto Fuentes; en San Luis Potosí, don Rafael Cepeda; en Michoacán, don Manuel Urquidi; en Yucatán, don José María Pino Suárez; en Chiapas, don Miguel Albores, y en Puebla, don Aquiles Serdán.

Días antes del levantamiento, don Francisco Cosío Robelo y el ingeniero don Alfredo Robles Domínguez, prominentes representantes del antirreeleccionismo en la capital, fueron arrestados y puestos en prisión, mientras que en Puebla, don Aquiles Serdán y algunos de sus familiares, amigos y correligionarios fueron muertos por la gendarmería y un destacamento de tropa después de un corto combate. Madero recibió la noticia y, con tristeza, se enteró de que el pueblo se había mostrado indiferente ante la muerte de Serdán.

En Chihuahua, el día 20 de noviembre, se levantaron en armas Pascual Orozco, José de la Luz Blanco y Francisco Villa. Durante los días siguientes, se sublevaron Orestes Pereyra, y José Agustín Castro, en la Laguna; Gabriel Gavira, Rafael Tapia y Cándido Aguilar, en Veracruz; Juan Banderas y Ramón F. Iturbe, en Sinaloa. Pero todos los sublevados formaban grupos muy pequeños, que no representaban ningún peligro para el gobierno. El propio Madero trató de hacer una incursión en Ciudad Porfirio Díaz (Piedras Negras) y fracasó, regresando muy desanimado a San Antonio y de ahí a Nueva Orleáns, en donde pensó embarcarse hacia la Argentina.

Mientras tanto, un grupo de cuatrocientos rebeldes, encabezados por Pascual Orozco, se enfrentó con varias partidas federales en Las Escobas, El Fresno, Pedernales y Mal Paso, al norte del Estado de Chihuahua. En enero de 1911, el propio Orozco levantó un buen tramo de vía férrea unos kilómetros al norte de la ciudad de Chihuahua, se apoderó de dos convoyes, en los cuales embarcó a su gente y se aproximó a Ciudad Juárez. Sin embargo, un batallón a las órdenes del coronel Antonio Rábago logró llegar hasta El Bauche, rechazó a los revolucionarios y arribó a la ciudad para reforzar su guarnición. Estas operaciones dieron confianza a los revolucionarios de Chihuahua, encabezados por don Abraham González, quien llamó a Madero para que viniera al territorio nacional a hacerse cargo de la situación.

Madero llegó a El Paso, en donde nombró a sus colaboradores provisionales, designando al doctor Francisco Vázquez Gómez como encargado de las relaciones con el extranjero, a su hermano, don Gustavo A. Madero, en Hacienda. A la vez, integró un consejo al que llamó de "Estrategia", formado por José de la Luz Soto, Rafael Aguilar, Eduardo Hay, José Garibaldi, Raúl Madero y Roque González Garza, para que se encargaran del mando de los milicianos de Orozco, pero éste rechazó tal idea.

En El Paso, Madero recibió la noticia de que el gobierno de Texas había girado órdenes para que se le aprehendiera, lo cual le obligó a pasar la frontera, el

13 de febrero, por un vado cercano a Ciudad Juárez. También recibió informes de que la revolución se propagaba por el territorio mexicano; Rómulo y Ambrosio Figueroa estaban levantados en armas en Guerrero y Luis Moya en Zacatecas. Ya con su carácter de Presidente provisional, Madero expidió una nota para los gobiernos extranjeros, en la que se les aseguraba toda clase de garantías para sus nacionales y sus intereses.

El gobierno del general Díaz buscó un arreglo con Madero, para tal efecto mandó a Corpus Christi, Texas, una misión confidencial que se entrevistó con don Francisco y don Alfonso Madero, padre y hermano del Presidente por la revolución, pero el doctor Vázquez Gómez, que estaba en Washington, se negó a cualquier acuerdo. Sin embargo, a principios de marzo, el propio Vázquez Gómez y Gustavo A. Madero, tuvieron en Nueva York una serie de entrevistas con el licenciado Limantour, ministro de Hacienda del gabinete del general Díaz, que regresaba de Europa, le hicieron saber que la única forma de ponerle fin a la revolución era la renuncia del general Díaz; el establecimiento del principio de No Reelección; el relevo inmediato de catorce Gobernadores; la indemnización a los familiares de muertos y heridos y la permanencia de las fuerzas revolucionarias como rurales de los Estados. Pero nada llegó a formalizarse.

Una nueva entrevista tuvo lugar en San Antonio, Texas, entre Rafael L. Hernández y Salvador Madero, por el gobierno, y Juan Sánchez Azcona, Pino Suárez, Roque Estrada y Gustavo A. Madero, como representantes de los revolucionarios.

En el Estado de Chihuahua, don Francisco I. Madero, con 800 hombres, trató de apoderarse de Casas Grandes el 6 de marzo, pero fue rechazado por la guarnición federal y los gendarmes, quedó herido de la mano derecha y perdió cien hombres. Un poco desanimado por el fracaso, se retiró a la hacienda de Bustillos, en donde don Abraham González le presentó a un antiguo bandolero llamado Francisco Villa, que traía con él un numeroso contingente. Madero recobró el entusiasmo y planeó apoderarse de la ciudad de Chihuahua, pero recibió informes de que dicha plaza estaba muy bien defendida, por lo cual se puso en marcha hacia el norte, con el fin de atacar Ciudad Juárez.

De fines de abril a los primeros días de marzo, Madero concedió nuevas entrevistas a representantes del gobierno: Alberto Braniff, Toribio Esquivel Obregón y Francisco Carvajal, pero como ninguno de ellos aceptó la renuncia del general Díaz como punto esencial, se rompieron las negociaciones y el día 8 de marzo, los revolucionarios, en número de unos 3,500 hombres, a las órdenes de Pascual Orozco, Francisco Villa, José de la Luz Blanco y los aventureros Garibaldi y Viljoen atacaron la plaza, defendida por 700 hombres, a las órdenes del general Juan Navarro. Este ofreció tenaz resistencia y causó muchas bajas a los atacantes; pero como no recibía refuerzos ni reamunicionamiento y se estaba desalojando a los soldados de las posiciones importantes poco a poco, se vio en la necesidad de rendirse; Madero les ofreció que se les repetaría la vida. Orozco y Villa, cuyos efectivos habían sufrido muchas bajas, querían fusilar a Navarro, junto con sus jefes y oficiales; tuvieron un grave altercado con Madero, e inclusive trataron de sublevarse, pero los combatientes revolucionarios apoyaron al caudillo, quien hizo pasar al lado norteamericano a Navarro y a sus soldados, cumpliendo así la palabra de que se les respetaría la vida.

El día 21 de mayo, se presentó ante Madero el licenciado Francisco León de la Barra, representante del general Porfirio Díaz, con plenos poderes para negociar la paz. Esa misma fecha, y ya en la noche, se firmaron los "*Tratados de Ciudad Juárez*", que contenían los siguientes puntos: el general Porfirio Díaz y don Ramón Corral renunciarían a la Presidencia y Vicepresidencia de la República, respectivamente; el licenciado Francisco León de la Barra, Secretario de Relaciones del Gobierno porfirista, se encargaría interinamente del Poder Ejecutivo y convocaría a elecciones; cesarían desde ese momento las hostilidades; se pagarían los daños ocasionados y se licenciarían las fuerzas revolucionarias.

En efecto, el día 25 de mayo renunciaron a sus cargos el general Díaz y don Ramón Corral, y partieron al exilio. Entonces el licenciado León de la Barra tomó posesión de su cargo como Presidente interino de la República.

De Ciudad Juárez Madero pasó por territorio norteamericano a Piedras Negras y de allí a San Pedro de las Colonias y a Torreón, para luego marchar a la capital de la República, en donde fue recibido con un júbilo sin precedentes.

Cuando se produjo la convocatoria para elecciones, los partidos que entonces se formaron, presentaron como candidato a la Presidencia a don Francisco I. Madero, pero surgió entonces un problema político en torno a la vicepresidencia. Madero disolvió el antiguo

Partido Antirreeleccionista y formó el Constitucional Progresista para apoyar la candidatura vicepresidencial del licenciado José María Pino Suárez, sin embargo, los oponentes a *"ese ilustre desconocido"*, Pedro Galicia, Rafael Martínez y los Vázquez Gómez, continuaron manteniendo en pie al antiguo Antirreeleccionista. El Partido Liberal se reorganizó con Fernando Iglesias Calderón, Jesús Flores Magón, Antonio Díaz Soto y Gama, Juan Sarabia y Antonio I. Villarreal. El Católico Nacional, muy numeroso, sobre todo en la provincia, presentó como candidatos a Madero y a León de la Barra. Llegada la fecha de elecciones, el 15 de octubre, por presión personal del candidato único a la Presidencia, triunfó el Partido Constitucional Progresista, con el licenciado Pino Suárez para la Vicepresidencia.

Las fuerzas maderistas, que eran numerosas, en su mayoría recibieron una buena paga y fueron licenciadas, mientras que con otras se organizaron Cuerpos Rurales, dependientes de la Secretaría de Gobernación.

Madero, candidato electo, influía definitivamente en todos los aspectos del país, sin tomar en cuenta para nada al Poder Ejecutivo. Dispuso que Ambrosio Figueroa, su partidario en el sur, fuese nombrado Comandante de los Guardias Rurales en el Estado de Morelos, en donde no tardó en enfrentarse con Emiliano Zapata, quien con una partida de campesinos se había levantado en armas contra la dictadura, desde principios de 1911. Zapata se negó a desarmar a sus hombres hasta que no se le entregasen tierras y agua, de acuerdo con el Plan de San Luis. Madero se dirigió a Cuernavaca y habló con Zapata, pero no logró convencerlo. El gobierno nombró Jefe de Operaciones en Morelos al general Victoriano Huerta, quien trató con brutal energía el problema, y en vez de resolverse, se multiplicó, cobrando caracteres de aguda violencia.

El 6 de noviembre de 1911, don Francisco I. Madero tomó posesión del cargo de Presidente Constitucional de la República Mexicana para un periodo de cuatro años. El Congreso reunido en pleno, dispuso que el enunciado de la No Reelección pasase a ser un precepto constitucional. Como en sus primeras declaraciones el flamante Presidente no hizo referencia a la solución de los problemas agrarios, los zapatistas se reunieron en la Villa de Ayala, el día 28 de noviembre, para expedir el "Plan de Ayala", por el cual desconocían como Presidente a Madero; reconocían a Pascual Orozco, y si éste no aceptaba, a Emiliano Zapata, comprometiéndose a seguir sus propósitos.

Por otra parte, el general Bernardo Reyes, quien había sido un distinguido gobernador del Estado de Nuevo León, en donde creía encontrar muchos partidarios, se levantó en armas infructuosamente, por lo cual se entregó prisionero a un destacamento de rurales en Linares, Nuevo León; fue remitido después a la ciudad de México e internado en la prisión de Santiago Tlaltelolco.

A fines de enero de 1912 los hermanos Vázquez Gómez, los dos personajes muy inteligentes y ambiciosos, desconocieron al gobierno de Madero en Casas Grandes, Chihuahua. Entonces el gobierno ordenó que la milicia de Rurales al mando de Pascual Orozco fuese a sofocar la naciente rebelión, pero éste, a su vez, muy disgustado con Madero "por haberse separado de lo ofrecido por el Plan de San Luis", se levantó en armas, uniéndosele las autoridades estatales, la Legislatura, el Poder Judicial y todas las fuerzas irregulares. La situación se tornó muy grave, por lo que el Ministro de Guerra, general José González Salas pidió autorización al presidente Madero para encargarse personalmente del mando de las operaciones contra el orozquismo.

Las tropas federales llegaron a estación Rellano, situada entre Torreón y Chihuahua, el día 25 de marzo; cuando se aprestaban a desembarcar para aproximarse al enemigo, los orozquistas les soltaron una locomotora sin tripulación, a toda velocidad y con el ténder cargado con cajas de dinamita, la cual fue a estrellarse contra los convoyes federales, produciéndoles muchas bajas y un espantoso desorden que terminó en derrota. Después el general González Salas, militar pundonoroso, se suicidó en Bermejillo, Durango.

La rebelión orozquista se extendió a los Estados de Sonora y Coahuila; amenazaba con aumentar cada vez más, por lo cual resultaba urgente detenerla de inmediato. Madero nombró Comandante de las operaciones en el norte al general Victoriano Huerta, quien se puso en campaña el 10 de abril. En las sucesivas batallas de los llanos de Conejos, de la estación Rellano y de la curva de Bachimba, Huerta derrotó a los orozquistas; y en Ojitos, los voluntarios de Sonora, a las órdenes del Teniente coronel irregular Alvaro Obregón, obligó a dispersarse a los que trataban de internarse en ese Estado.

Por otra parte, en el puerto de Veracruz se había

sublevado, en octubre de 1912, el general Félix Díaz, arrastrando a la aventura al coronel José María Díaz Ordaz, comandante del 21 batallón de Infantería; Sin embargo, el comandante de la Guarnición, general Joaquín Beltrán con algunas tropas leales y sus barcos de guerra, en pocas horas los obligó a rendirse, cayendo prisioneros Félix Díaz y 230 oficiales y tropa. De acuerdo con las leyes se le instruyó consejo de guerra a los prisioneros y el tribunal sentenció a muerte al general Díaz; pero informado el Presidente Madero, ordenó telegráficamente se suspendiera la ejecución y que el reo fuera remitido a la Penitenciaría de la ciudad de México, con el fin de revisar su proceso.

El estado de turbulencia del país durante los años de 1911 y de 1912 pusieron de manifiesto el descontento y desorden del gobierno de Madero. El zapatismo, con las armas en la mano, se convirtió en verdadero grito constante de las demandas agrarias. Las rebeliones de Reyes y de Félix Díaz fueron manifestaciones de las ambiciones de los militares; las sublevaciones de los Vázquez Gómez y de Pascual Orozco, un grave índice de la decepción que había producido Madero como representante de la revolución hecha gobierno.

Madero era hombre de bien, de un gran valor civil y bondadoso. De ello se valió la prensa reaccionaria, *El Imparcial*, *El País* y *La Nación*, para hacer escarnio de su persona y llegar hasta la burla sangrienta. Su hermano, don Gustavo Adolfo Madero, fundó el periódico *La Nueva Era*, con el fin de defender al gobierno, pero también se encargó de dilapidar mucho dinero, con lo cual las arcas pronto quedaron vacías.

Don Francisco I. Madero en la plaza de la
Constitución escoltado por los cadetes del
Colegio Militar, al iniciarse la decena trágica
el 9 de Febrero de 1913.

Finalmente, a las cuatro de la mañana del domingo 9 de febrero de 1913, los generales Manuel Mondragón y Gregorio Ruiz alzaron contra el gobierno a algunas tropas acuarteladas en Tacubaya y a los alumnos de la Escuela Militar de Aspirantes, de Tlalpan. La fuerza sublevada marchó hacia Tlaltelolco para poner en libertad al general Bernardo Rèyes, a quien se le dio el mando de la rebelión; después fue a liberar al general Félix Díaz, quien se encontraba en la Penitenciaría. Los Aspirantes de apoderaron sin resistencia del Palacio Nacional. Pero el comandante de la guarnición, general Lauro Villar, con el 24 batallón que estaba en el cuartel de San Pedro y San Pablo, recuperó Palacio. Recurriendo a un ardid, hizo creer a los Aspirantes que estaba con ellos, los desarmó y los arrestó, aprestándose luego a la defensa, pues los sublevados se aproximaban por la calle de Moneda. El general Villar marcó el alto al general Gregorio Ruiz, lo aprehendió y lo dejó detenido en la Guardia. Como los sublevados seguían avanzando, encabezados por el general Reyes, los tiradores que estaban apostados fuera de Palacio abrieron el fuego, muriendo en los primeros disparos el general Reyes. El combate duró media hora y causó unos quinientos muertos, incluyendo mucha gente del pueblo que salía de oír misa en la Catedral.

Los rebeldes se retiraron como a la una de la tarde para refugiarse en la Ciudadela, que había quedado en su poder con muchas armas y municiones. El presidente Madero, quien se encontraba en la residencia oficial de Chapultepec, marchó hacia Palacio, escoltado por los alumnos del Colegio Militar; se detuvo un rato, para protegerse del tiroteo, en la fotografía

Daguerre (frente a Bellas Artes) y luego llegó hasta las oficinas presidenciales, rodeado de una multitud que lo vitoreaba. Don Gustavo A. Madero había llegado antes a Palacio, y cuando le informaron que estaba prisionero el general Ruiz, ordenó que fuera fusilado inmediatamente, junto con tres sargentos de Aspirantes. Cuando llegó el Presidente Madero a Palacio, felicitó al general Villar por su comportamiento; al verlo herido, le pidió entregara el mando de la guarnición al general Victoriano Huerta, quien desde los resonantes triunfos en Chihuahua contra Pascual Orozco, había sido relevado del mando de las tropas y dejado sin comisión.

Como Huerta había pedido tropas para combatir a los rebeldes de la Ciudadela, Madero hizo venir al general Felipe Angeles con algunos contingentes que estaban a sus órdenes en Cuernavaca. Durante diez días la ciudad de México sufrió un terrible bombardeo. Las fuerzas del gobierno, desde diferentes puntos tiraban contra la Ciudadela, en donde se encontraban los generales Mondragón y Félix Díaz, y, a la vez, desde la Ciudadela tiraban con artillería hacia Palacio. Para el día 14 se contaban en más de cien los edificios gravemente destruidos. El día 15, un grupo de senadores se acercó al Presidente Madero a pedirle su renuncia, petición que éste rechazó enérgicamente. El domingo 16 se pactó un armisticio para recoger muertos y heridos, que terminó a las 12 horas, reanudándose el bombardeo y los combates. El día 17 fue aprehendido por el mayor de Rurales Francisco Cárdenas, don Gustavo A. Madero, quien fue entregado a los sublevados de la Ciudadela y masacrado, junto con el intendente de Palacio, Adolfo Bassó.

Por esos días, el embajador de los Estados Unidos, Henry Lane Wilson, quien había manifestado en muchas ocasiones su antipatía hacia Madero, tildándolo de loco, arregló una entrevista entre los generales Huerta y Félix Díaz, la cual se llevó a cabo en el salón de recepciones de la Embajada norteamericana en México. En dicha entrevista se acordó que Huerta aprehendiera a Madero y lo obligara a renunciar; luego, desempeñaría la Presidencia interinamente y convocaría a elecciones, de modo que resultase electo el general Félix Díaz.

En la mañana del 18 de febrero, las fuerzas del 24 batallón que daban la guardia en Palacio, fueron relevados por soldados del 29 batallón, mandado por el general Aureliano Blanquet. Como a la una de la tarde, un grupo de soldados, a las órdenes del teniente coronel Riveroll, irrumpieron en el salón donde se hallaba Madero con sus acompañantes; éste reprendió al militar por su falta de atención, ordenándole que saliera inmediatamente; a esto contestó Riveroll que el Ejército ya estaba cansado de sostener un gobierno de necios y que traía orden de aprehender a todos los allí presentes. Al mismo tiempo que hacía esta declaración, tomó al Presidente de un brazo, tal vez para hacerlo entrar entre los soldados, pero en ese momento acudió el capitán Gustavo Garmendia y disparó su revólver contra Riveroll, mientras que el capitán Federico Montes tiraba sobre el mayor Izquierdo, quien iba también con los soldados. La consecuencia inmediata de esa violenta agresión ocasionó la muerte del ingeniero Marcos Hernández, pariente de los Madero. Al darse cuenta que la situación en Palacio no ofrecía ninguna seguridad, el Presidente ordenó salir de ahí, pero en la guardia fueron aprehendidos por el propio general Blanquet. Los capitanes Garmendia y Montes lograron escapar.

El día 19, Madero y Pino Suárez, que estaban detenidos en la Conserjería del Palacio Nacional, fueron obligados por el general Juvencio Robles a presentar sus renuncias, recibiendo el formal ofrecimiento que se les respetaría la vida y se les permitiría salir del país, junto con sus familiares, sin ser molestados. La dimisión fue aceptada por 123 miembros del Congreso, sólo 7 votaron en contra.

Madero y Pino Suárez continuaron presos. Con el fin de que no continuaran en esa situación ilegal, el consejo de Gobierno acordó, el día 21, consignarlos ante un tribunal competente por el fusilamiento, sin formación de causa, del general Ruiz. Sin embargo, el 22 en la noche, cuando ya el embajador de Cuba, don Manuel Márquez Sterling, tenía prevenido en Veracruz al crucero "Cuba", para que condujera a los exmandatarios al exilio, un grupo de soldados al mando del mayor Francisco Cárdenas y del capitán Rafael Pimienta, subieron en un automóvil a Pino Suárez y a Madero, conduciéndolos a la Penitenciaría, en donde simularon ser asaltados por una turba; en la refriega resultaron muertos los dos personajes, víctimas de un crimen sin nombre. Sus restos reposan en el Panteón Francés de la Piedad, en la ciudad de México.

3/08 8

Impreso
Programa
Calz. Cha
Col. Astu
Enero 19
Empresa
Instituto
y Certifica
ISO-9002: 1994/NMX-CC-004: 1995
con el Núm. de Registro RSC-048